Economic
Management

经管学术文库

中国出口企业技术创新研究
——来自上市公司的经验研究

刘秀玲 著

厦门大学出版社
XIAMEN UNIVERSITY PRESS

国家一级出版社
全国百佳图书出版单位

摘　要

20世纪90年代以来中国出口持续增长,1992年到2011年中国出口总额由849亿美元增长到18 986亿美元,年均增长17.77%。然而与出口总量的持续快速增长相比,中国的出口产品以劳动密集型产品为主,普遍技术含量不高,附加值较低,因此产品的竞争力也较弱,无法抵御国际市场价格的波动。特别是伴随着经济危机带来的世界经济增速放缓,这种靠加工贸易和劳动密集型产品占据优势的贸易模式,使出口企业面临越来越多来自发达国家的技术贸易壁垒、反倾销和"汇率被低估"等的压力。

面对复杂的国际环境,出口企业只有不断地进行技术创新,才能始终保持企业的国际竞争力,而技术创新的关键在于对其特性和形成原因的科学把握。

本书由导言、八章主体部分和结论与对策建议三大部分构成,主要内容如下:

导言部分阐明了本研究的背景及意义,提出了本书的研究思路和研究框架,概括了主要研究工作和创新点。

第一章阐明了技术创新的概念,对国内外企业技术创新影响因素的研究、企业技术创新收敛性的研究、企业技术创新效率的研究和技术创新与出口贸易关系的研究进行了综述,为本书后面的研究提供借鉴。

第二章分析和评述了传统国际贸易理论对技术创新的认识,基于企业异质性贸易理论和知识生产函数从理论上研究了出口企业技术创新的规律,构建了出口企业技术创新的模型,构建了垄断竞争模型,从理论上研究了出口对出口企业技术创新的影响。

第三章选取 2005—2011 年出口金额排名前九行业的 473 家上市出口企业为研究对象,运用多元统计方法实证研究了出口企业申请过专利的企业比、专利集中度、专利结构、研发资本投入和技术工人投入的行业性差异。

第四章采用多元统计方法实证研究影响技术创新的企业冗余资源、技术装备水平、股权性质及集中度、市场势力和出口各因素特征的行业性差异,运用面板数据模型实证研究了出口企业技术创新各影响因素作用的行业性差异。

第五章以所选出口行业的非出口企业和 FDI 企业作为对照组,并将出口企业分为出口非 FDI 企业和出口且 FDI 企业,运用多元统计方法实证研究了出口企业申请过专利的企业比、专利集中度、专利结构、研发资本投入和技术工人投入的企业异质性特征。

第六章采用多元统计方法实证研究影响技术创新的企业冗余资源、技术装备水平、股权性质及集中度、市场势力和出口各因素特征的企业异质性,运用面板数据模型实证研究了出口企业技术创新各影响因素作用的企业异质性。

第七章以 2005—2011 年 9 个行业各年累计有效申请专利量、研发资本投入和技术工人数大于 0 的 257 家上市出口企业作为研究对象,采用多元统计方法和面板数据模型研究了出口企业全样本和分行业技术创新的σ收敛和绝对β收敛性。

第八章采用随机前沿分析方法建模,利用2005—2011年我国9个行业257家上市出口企业的面板数据,对我国出口企业技术创新效率进行评估,揭示和探讨了中国出口企业冗余资源、技术装备利用率、资本密集度、股权性质、国际化水平和市场势力对专利生产技术效率损失的影响,分析出口企业全样本和各行业技术创新效率特征。

结论与对策建议部分总结了全书的主要结论,并就研究结论提出了相应的对策建议。

关键词:出口企业 技术创新 行业差异性 企业异质性 收敛 技术效率

目 录

导　论

一、问题的提出

　　伴随着经济全球化的不断发展,技术和资本在国际上流动的趋势日益加强,贸易自由化在全球范围内进一步发展。而知识经济的到来和科学技术的迅速发展,使得国际竞争的激烈程度不断加强,技术也越来越成为决定国家和企业国际竞争力的重要因素。出口作为中国经济增长的"三驾马车"之一,对中国经济增长的贡献很大。20世纪90年代以来中国出口持续增长,1992年到2011年中国出口总额由849亿美元增长到18 986亿美元,年均增长17.77%。然而与出口总量的持续快速增长相比,中国的出口产品以劳动密集型产品为主,普遍技术含量不高,附加值较低,因此产品的竞争力也较弱,无法抵御国际市场价格的波动。特别是伴随着经济危机带来的世界经济增速放缓,这种靠加工贸易和劳动密集型产品占据优势的贸易模式,使出口企业面临越来越多来自发达国家的技术贸易壁垒、反倾销和"汇率被低估"等的压力。面对复杂的国际环境,中国的出口企业只有不断地进行技术创新,才能始终保持企业的国际竞争力。

作为微观主体的我国出口企业,面对的是国际舞台,在国际市场上面临更激烈的竞争,要想在竞争激烈的环境下生存,技术创新是必然途径。企业的技术创新能力已经成为决定企业生存发展的动力和源泉。只有不断地进行技术创新,提高产品的技术含量,革新生产方式,降低企业的生产成本,采用差异化的产品销售策略,出口企业才能提高国际竞争力,中国外贸的发展方式才可能改变。因此我们提倡增强自主创新能力,实际上就是增强以企业为主体的自主技术创新能力。

要提高我国出口企业技术创新水平,则需探寻我国不同类型出口企业技术创新的规律。本书以企业技术创新理论和企业异质性贸易理论为基础展开研究,围绕中国出口企业技术创新重点解决和回答以下问题:(1)中国出口企业技术创新现状如何?(2)中国出口企业技术创新行业差异如何?(3)中国出口企业技术创新及各行业影响因素何在?(4)中国出口企业技术创新收敛性如何?(5)中国出口企业技术创新生产的技术效率如何以及影响因素何在?(6)中国出口企业与出口非外向 FDI 企业、出口且外向 FDI 企业、外向 FDI 企业以及非出口企业技术创新的差异如何,各影响因素影响差异如何?

二、研究思路与研究框架 ●●●➡

本书基本研究思路是,基于企业异质性贸易理论、知识生产函数和垄断竞争模型从理论上分析了出口企业技术创新的规律,构建了出口企业技术创新的模型。选取 2005 年至 2011 年的出口前九个行业的上市出口企业为研究对象,运用多元统计图和专利计量方法研究出口企业技术创新的行业特征;运用面板数据模型研究出口企业技术创新影响因素的行业差异性;运用多元统计图和专利计量方法研究出口企业技术创新的企业异质性;运用面板数据模型研究出口企业技术创新影响因素的企业异质性,运用多元统计方法和面板数据模型研究出口企业技术创新的收敛性;运用随机前沿分析方法研究出口企业技术创新生产的技术效率;并利用研究成果提出了提升我国出口企业技术创新能力的相关对策建议。

　　本书按照基本研究思路的逻辑顺序依次展开,形成图 0.1 的基本研究框架。课题组通过文献调研、企业调研、资料调研和

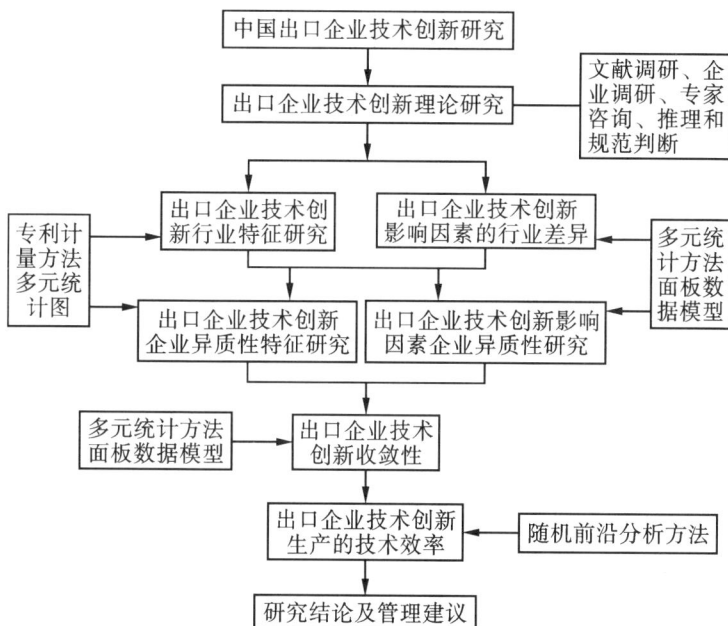

图 0.1　本书研究思路和研究框架

专家咨询获得第一手数据资料和第二手资料,应用多元统计分析、面板效应模型和随机前沿分析方法,围绕主题进行深入研究,涉及描述型、解释型和规范型等各类型研究,得到一些富有价值的观点和结论。

三、主要研究工作和创新点 ●●●➡

围绕"中国出口企业技术创新研究"这一研究主题,根据国内外学术文献现状及公开的数据资料状况,按照课题设计方案的研究需要,课题组按计划展开了研究工作。此处总结归纳在前人文献基础上课题组独立进行的主要研究工作:

1.理论研究工作。在文献分析和评述基础上,进行理论逻辑演绎和归纳,确定企业技术创新函数模型,特别对出口企业技术创新的特殊性——企业出口额对出口企业技术创新的作用机理进行了理论分析,在理论分析的基础上确定了实证研究指标。这项工作从研究的开始一直贯穿于研究的结束。

2.调研工作。这部分工作耗时耗力最大,也成为研究中最大的瓶颈。本书根据出口行业比例选定九大行业,共792家上市企业作为研究和对照样本,7年共计5 544个观察值。

(1)搜集整理这九大行业的出口和FDI数据,出口数据来源于Wind数据库,但需要整理判断出口企业,FDI数据是从这些上市企业年报中手工查询。

(2)为了更准确确定衡量指标,对部分样本企业进行了实地考察,深度访谈。

(3)792家上市企业的专利量、研发资本和技术工人数在数据库中都未整理过。专利量又分为发明专利、实用新型专利和外观设计,需要从国家知识产权局专利数据库逐家企业查询,且查询年度为 2005—2011 年共 7 年,约 15 000 个数据;研发资本需要从无形资产中剥离计算,由于需从无形资产中剔除土地使用权、商标权、采矿权等,还要对研发费用做特殊处理,要手工从每家企业年报中处理 7 年 792 家上市企业约 50 000 多个数据;技术工人也需从每家企业年报中查询,查询完后为保证数据的准确性,进行了反复核对。

3. 实证研究工作。在获得大量数据资料后,研究工作重点转向应用数据资料围绕主题进行实证分析。运用多元统计图和专利计量方法研究出口企业技术创新的特征;运用面板数据模型研究出口企业技术创新影响因素;运用多元统计方法和面板数据模型研究出口企业技术创新收敛性;运用随机前沿分析方法研究出口企业技术创新生产的技术效率;运用多元统计图和专利计量方法研究出口企业技术创新的企业异质性;运用面板数据模型研究出口企业技术创新的影响因素;并利用研究成果提出了提升我国出口企业技术创新能力的相关对策建议。

4. 写作过程。这项工作从研究的开始一直贯穿于研究的结束。

本书在借鉴前人研究的基础上,主要在以下几个方面进行了创新:

(1)研究角度的创新

微观角度:目前对我国出口与技术创新的关系研究主要是立足于国家层面和行业层面,而很少从作为技术创新主体的异质企业层面进行研究;且主要集中于出口与技术创新关系的研究,而本书从异质企业层面探究我国不同类型出口企业技术创新的规律和效应,将更有利于提出提升出口企业技术创新能力的针对性建议。

比较静态角度：本书不仅静态研究出口企业技术创新规律，而且进行出口企业与非出口企业、出口但非 FDI 企业、出口且 FDI 企业和 FDI 企业技术创新的比较静态分析；采用比较静态法研究了分行业出口企业技术创新规律，弥补了现有研究的不足。

（2）研究内容的创新

已有文献主要研究异质出口企业技术创新与企业出口的关系，本书不仅从理论上研究了异质出口企业技术创新与出口的关系，而且重点研究异质出口企业技术创新的特征、影响因素、出口企业技术创新与其他不同类型企业技术创新影响因素的差异、按产业特性分行业研究出口企业技术创新影响因素的差异，并且还研究了出口企业技术创新的产业示范效应和效率以及效率影响因素，是对现有研究的另一重要补充。

（3）研究方法的创新

本书除采用企业异质性贸易理论、垄断竞争模型和知识生产函数对我国异质出口企业技术创新作理论分析之外，研究方法上还采用了多元统计方法、专利计量方法、静态面板数据计量模型和随机前沿分析方法做实证研究。

第一章
概念界定和文献基础

一、技术创新概念的界定

关于技术创新的概念,最早由美国经济学家熊彼特(Schumpeter,1912)提出,他认为创新是企业利用资源、以一种可以改变其生产可能性边界的新生产程序或者生产方法来满足市场的需要,是经济增长的原动力[①]。熊彼特虽然提出了技术创新的概念,但并没有明确给出技术创新的严格定义。之后,许多学者都从不同角度出发对技术创新的概念进行了界定,但至今尚未形成一个严格统一的定义。

在"熊彼特创新理论"的基础上,不同学者对技术创新不断地总结研究,衍生和发展起来了现代技术创新理论。Enos(1962)首次明确地给出了技术创新的定义,他认为技术创新是几种行为综合的结果,这些行为包括发明的选择、资金投入的保

---

① Schumpeter. The Theory of Economic Development：An Inquiry into Profits，Capital，Credit，Interest and the Business Cycle［M］. Cambridge MA：Harvard University Press,1912.

证、组织建立、制订计划、招用工人和开辟市场等①。其后,许多学者都从经济角度出发给技术创新下定义:Mansfield(1968)认为技术创新是第一次引进一个新产品或新过程所包含的技术、设计、生产、财务、管理和市场诸步骤②;而 Freeman(1982)认为技术创新就是新产品、新工程、新系统和新服务的首次商业性转化③;美国国会图书馆研究部对技术创新的定义比较全面,它认为技术创新是一个从新产品或新工艺的设想的产生到市场应用的完整过程,它包括设想的产生、研究、开发、商业化生产到扩散这样一系列的活动。

国内研究学者也都从不同角度对技术创新的概念进行界定。华桂宏和周家华(1998)认为技术创新不是指科学知识的发现和技术发明本身,只有当知识和技术成功地与资源配置联结起来,并在商业化的过程中能带来收益递增时,技术创新才是一个现实的过程④。傅家骥(1998)认为技术创新是企业家抓住市场的潜在盈利机会,以获得商业利益为目标,重新组织生产条件和要素,建立起效能更强、效率更高和费用更低的生产经营系统,从而推出新产品、新的生产方法、开辟新的市场、获得新的原材料或半成品供应来源或建立企业的新组织,它包括科技、组

---

① Enos. Petroleum Progress and Profits:A History of Process Innovation[M]. Cambridge MA:The MIT Press,1962.

② Mansfield,E. Industrial Research and Technological Innovation [M]. Norton:New York,1968.

③ Freeman. The Economies of Industrial Innovation[M]. Massachusetts:The MIT Press 1982.

④ 华桂宏,周家华.论技术创新与经济发展[J].南京师大学报,1998 (1):3—8.

织、商业和金融等一系列活动的综合过程①。李小宁和张竹均(1999)指出技术创新是指新产品开发创意到可以成批生产这种新产品为止所发生的一系列技术活动②。张黎夫(1999)认为技术创新一般是指新产品的开发、新工艺的应用、新技术的推广与扩散等各种围绕技术而展开的商业活动③。目前国内学者引用比较多的就是《中共中央、国务院关于加强技术创新,发展高科技,实现产业化的决定》(1999)中对技术创新的定义,认为技术创新或科技创新是指企业应用创新的知识和新技术、新工艺,采用新的生产方式和经营管理模式,提高产品质量,并为生产新的产品提供新的服务,占据市场并实现市场价值。

各国学者从不同角度概括了技术创新的特征,仔细分析不难发现,这些特征表明了技术创新与研究开发、创新、技术成果转化和发明创造等概念之间既有交叉又有显著的区别。技术创新主要是指产品和工艺明显的技术改进,而创新则具有更广泛的含义,它还包括组织和制度的革新、思想观念的更新等等;技术创新与研究开发也不尽相同、存在区别,在技术创新的过程中,研究开发或有或无;同时,技术创新也不等于技术转化成果,技术创新可以是源于已有的研究成果,也可以是源于研究开发活动本身;另外技术创新是将新发明创造的成果转化为生产力的过程,技术创新的成果大多是为了经济利益,而发明创造既可以是一种经济行为,也可以是个人的兴趣爱好。

---

① 傅家骥.技术创新学[M].北京:清华大学出版社,1998.
② 李小宁,张竹均.中国技术创新活动的体制分析[J].中国科技论坛,1999(3):21-23.
③ 张黎夫,姜琼.技术创新特征发挥[J].荆州师范学院学报(社科版),1999(3):54-57.

一方面,从技术创新的主要内容来讲,其包括设备创新、产品创新、材料创新、工艺创新和生产组织与管理创新。由于一个行业的材料投入同时可以看作是另外一个行业的产品产出,生产组织与管理也可以看作是一种具有特殊含义的"绝妙"的工艺,包含在工艺创新里面,因此技术创新实际上主要是指工艺的创新和产品的创新。另一方面,从系统论的角度来看,科技型主导的企业,其技术创新活动是一种系统性的活动,并且科技型主导企业技术创新的核心主要是产品和工艺这两种创新,另外管理创新、组织创新、文化创新、营销创新则是其基本支撑点。总之,技术创新是企业通过对不同生产要素的重新组合,根据技术采用新的生产工艺从而推出新的产品,占领新的市场,或者建立新的组织等等,以获取更高的利润,并最终提升产业的技术水平、促进经济发展的全过程。

二、企业技术创新影响因素的研究 ●●●➤

(一)国外技术创新影响因素研究

目前关于企业技术创新影响因素的国外研究主要集中在厂商特质和产业特性上。对厂商特质的研究又分为厂商规模、厂龄和获利能力三个方面。厂商规模对于技术创新的重要性最早由 Schumpeter(1912)提出,他认为在规模较大的厂商以及垄断能力较强的市场结构下,由于厂商在财务运用、专业人力、技术开发和产品促销上存在规模经济的效果,所以有意投入更多资

金从事研发活动,也更有能力进行技术创新①。而 Mafatridger
(1976)的研究指出厂商规模与研发支出间存在非线性关系,研
发支出虽然会随着厂商规模的扩大而增加,但小厂商增加的比
例要更高②。另一位学者 Scherer(1965)则认为厂商规模与技
术创新的活动有负向的关系。由于投资决策取决于人而非机
构,小企业人少易于沟通,研发决策较易实行,而大企业的决策
管道则庞大复杂,研发决策容易延时失效,所以厂商规模越大,
技术创新的边际收益可能越低,减少了研发活动进行的诱因③。
综上所述,厂商规模与技术创新活动之间的关系并没有明确的
定论,两者可能呈现正向、负向或倒 U 形的关系。关于厂龄,
Lall(1983)认为企业设立年限对其研发行为有正面的影响,因
为设立年限越长,技术及组织管理能力越成熟,累计的知识和营
运经验也更加丰富,所以较有能力从事技术创新活动④。方郁
菜(2003)的研究则认为成立时间和企业的技术创新活动间具有
负向显著相关的关系,主要是因为刚成立的企业为了在市场上
快速成长,必须投入大量的人力物力进行技术创新,以便开发新

①　Schumpeter. The Theory of Economic Development:An Inquiry
into Profits,Capital,Credit,Interest and the Business Cycle[M]. Cam-
bridge MA:Harvard University Press,1912.

②　Mafatridger D. G. The Distribution of Research Grants:A Com-
ment and Extension[J]. Economic Record. 1976,52(4):505－512.

③　Scherer F. Firm Size,Market Structure,Opportunity and the Out-
put of Patented Inventions[J]. American Economic Review,1965:1097－
1125.

④　Lall. Determinants of R&D in an LDC－The Indian Engineering
Industry[J]. Economics Letters,1983:379－383.

产品占据市场来获取利润①。但 Peeters 和 Potterie(2006)则指出厂龄与厂商的技术创新活动和专利行为间存在 U 形关系。新成立的厂商因为年轻有活力且组织结构没有僵化的现象,所以对技术创新不排斥,而且通过技术创新并申请专利的过程,也可以弥补其在市场竞争中的劣势。另一方面,由于厂龄代表过去经验和无形资产的累计,是成立较久的厂商投入技术创新的优势②。

而关于获利能力,Myer and Glawer(1964)认为技术创新活动的风险性很高,所以企业多倾向以内部自有资金投入研发,避免外部融通所增加的风险及教育成本,故认为获利能力愈佳的公司,拥有愈加宽松的自有资金,从事技术创新的机会愈大。Kamien 和 Schwartz(1978)也提出厂商可能为了维护研发计划的隐秘性,防止潜在对手的竞争,而不愿提供资金贷款者详细的计划内容,所以研发经费主要来自内部的融通,因此厂商的利润率愈高,或拥有的税后纯利润愈多,才能愈有余力进行技术创新活动③。而也有一些学者(Scherer,1965,1967)的研究表明低利润率或利润呈现下降趋势的公司,将投入更多的研发创新经费,以求寻回本身的竞争力,提高获利的可能性④。

① 方郁棻. 影响中小企业研究发展支出之因素:[硕士学位论文][D]. 东吴大学会计研究所,2003.

② Peeters C. ,P. Potterie. Innovation strategy and the patenting behavior of firms[J]. Journal of Evolutionary Economics,2006,16(1):109—135.

③ Kamien,Schwartz. Self-Financing of an R&D Project[J]. American Economic Review,1978(68):252—261.

④ Scherer F. Firm Size,Market Structure,Opportunity and the Output of Patented Inventions[J]. American Economic Review,1965:1097—1125.

　　国外对影响企业技术创新因素的另一方面——产业特性的研究主要集中在市场的竞争程度和技术机会两个方面。Lunn和Martin(1996)认为市场占有率高或拥有独占力的厂商,其市场支配能力较强,有助于提高研发投入后获利的可能性[①]。但是Hansen和Hill(1991)也指出,当厂商拥有较高的市场占有率时,其相对竞争压力小,以致厂商着眼于现有市场地位的维持,反而较不重视研发活动[②]。

　　除此之外,国外学者还在将人才、信息、制度、政策、企业文化等因素作为研究对象的基础上,提出了企业技术创新的影响因素理论。克里斯托弗·梅耶认为,5个相互依赖的因素构成了企业创新体系的核心:领导和管理、战略协调、过程、组织和人、衡量。每一个因素怎么起作用、各个因素之间如何相互影响,则由第六个要素——企业文化所决定的。成功的创新企业尤其应该注意在有张有弛的创新中,选择正确的创新路径,持续推进企业的创新,注重人才和合作,并通过考核绩效来衡量创新成果[③]。Vijay K. Jolly在《新技术的商业化:从创意到市场》一书中,对技术创新过程进行详细的论述,并且引用了不少的例子进行分析。他认为:从总体来看,政府的资助、创新的资金、市场

　　①　Lunn J. & Mattin, S. Market Structure, Firm Structure and Research and Development[J]. Quarterly Review of Economics and Business, 1986, 26(1):34—44.

　　②　Hansen, G. S. & Hill, C. W. L. Are Institutional Investors Myopic A Time-Series Study of Four Technology-Driven Industry[J]. Strategic Management Journal, 1991, 12(1):1—6.

　　③　克里斯托弗·梅耶. 创新增长——硅谷的启示[M]. 吉林人民出版社, 1999.

的调研和企业的管理等因素对技术创新的成功影响很大[①]。英国经济学家兰格力士(J. Langrish)等人调查了 1966 年和 1967 年度被授予英国女王技术创新奖的 84 个项目,认为有 7 个因素对创新的成功很重要。它们分别是创新组织中的高层管理人员、其他杰出人员、对某种市场需求有清醒的认识、对科学技术发现有潜在价值和用途、良好的合作、资源的可获得性、来自政府方面的帮助。同时还从技术、市场、管理等方面确认了导致创新延迟或失败的因素。罗伯特·库珀等(1995)指出,企业的技术创新依赖于过程、组织、文化、战略、保障这 5 个因素。通过大量的研究,他们总结出创新成功的企业与一般企业的差别主要在于:高质量的技术创新过程,清晰的公司创新战略、充足的资源保证、高层领导支持产品创新的企业氛围、高层领导的负责、战略重点和协同、高质量的开发团队以及跨职能的团队[②]。

(二)国内企业技术创新影响因素研究

目前,国内学者对技术创新影响因素的研究思路基本跟国外的研究相似。高建、傅家骥(1996)对 1 051 家企业进行技术创新调查,调查结果显示缺乏资金、缺乏人才、缺乏信息和体制不顺是目前企业技术创新的四大障碍,其中资金短缺是企业技术创新最大的障碍。报告分析后指出,如果企业技术创新能力强,能够做到创新成功率高且有高的收益率,创新资金不足的问

---

① Vijay K. Jolly. 新技术的商业化——从创意到市场[M]. 北京:清华大学出版社,2001.

② Robert Cooper, Elko Kleinchmidt. Benchmarking Firms New Product Performance and Practices[J]. EMR, 1995(5):22—37.

题就可以顺利解决①。赵雪锋(2000)等对我国企业技术创新问题研究中,提到我国技术创新中面临的主要问题是技术创新观念、创新意识淡薄、技术创新信息获取能力不足、技术创新要素(原材料、资金、创新人才以及内外部机制)欠缺②。谭利、刘星(2002)认为缺乏资金主要是因为我国风险投资机制不完善、创新资金风险高和回收期长,而传统的资金往往不愿意介入风险太高的技术创新项目,导致资金在流向创新活动时受到限制③。张怀明(2002)通过对技术创新障碍的制度分析,认为在技术创新阶段主要表现为市场竞争环境的不完善,企业缺乏追求技术创新和技术进步的动力,因此不断深化我国经济和科技体制改革成为我国重要的任务④。吴惠国(2003)将影响因素分为外环境和内环境,其中外环境包括外在的物质条件,如市场需求、社会体制、国家政策、物质手段等;而内环境主要是指进行技术创新的人及其自身条件,比如自身需求、兴趣、偏好、知识结构等。进行技术创新,要求创新者不仅具有创造性素质和能力,而且要求其具有创新的倾向和意志,否则就没有技术创新活动的发生,更不会成功了。在这个意义上,创新的内环境比外环境更为重

①　高建,傅家骥.中国企业技术创新的关键问题:1051家企业技术创新调查分析[J].中外科技政策与管理,1996(1):24－33.

②　赵雪峰.我国企业技术创新问题分析以及对策建议[J].科技进步与对策,2000(3):15－21.

③　谭利,刘星.非对称信息条件下创业企业融投资行为博弈分析[J].重庆大学学报,2002(11):75－78.

④　张怀明.技术创新障碍的制度分析[J].南京航空航天大学学报(社会科学版),2002(1):37－41.

要①。田长明(2008)以 37 个行业规模以上工业企业技术创新投入、产出指标数据为样本,实证结果证明了市场结构、企业规模、研发投入和国有企业产值比例是影响企业技术创新的主要因素②。张杰、刘志彪等(2008)通过对江苏省 342 家制造业企业的调查问卷进行分析,发现企业规模与企业出口之间存在 U 形关系,而企业对国外市场依赖程度与企业技术创新活动之间存在倒 U 形关系,说明出口导向型的发展方式对企业的技术创新活动的影响非常复杂③。杨静、宝贡敏(2009)运用浙江地区125 家企业的数据分析,解释了影响企业技术创新的 4 个主要因素,即研发投入、高层支持、地理位置和技术联盟④。

三、企业技术创新收敛性的研究 ●●➡

　　自从美国经济学家威廉姆森在 20 世纪 50 年代提出区域收入趋同的概念后,区域趋同或趋异假说就成为区域经济理论、发展经济学及经济史学界所讨论的一个重要议题。学者们分别从不同的角度探讨了贫穷国家或地区是否能够比富裕国家或地区具有较快的增长速度,从而最终收敛于相同的人均收入或产业

---

① 吴惠国.理论创新的三个向度[J].江南社会学院院报,2003(2):5—9.

② 田长明.中国工业行业企业技术创新效率评价实证研究[J].工业技术经济,2008(5):68—72.

③ 张杰,刘志彪.转型背景下中国本土企业的出口与创新——基于江苏地区制造业企业的实证研究[J].财贸经济,2008(6):73—78.

④ 杨静,宝贡敏.技术创新影响因素的实证分析——基于浙江典型区域企业的调查[J].科技进步与对策,2009(5):18—22.

水平,以及是否存在"富者更富,贫者更贫"的趋势和发散现象等问题。新增长理论的兴起奠定了技术创新在经济增长中的特殊地位和作用。就一国或地区而言,技术存量的多寡决定着该国或地区的经济增长。技术创新的收敛或发散程度很大程度上决定了区域经济收敛或发散的程度,学者们也开始重视研究技术创新的收敛或发散研究。

关于技术创新收敛的研究大多是基于国家或区域视角,研究国家或区域技术创新的收敛特征。

李松龄、生延超(2007)基于拓展的 Verspagen 技术赶超模型分析技术差距、技术溢出效应与技术赶超之间的关系。研究表明,对后发地区来说,通过学习能力和社会能力的培育提升自己的技术吸收能力可以实现技术收敛和经济收敛[①]。范黎波、郑建明(2008)计算了全球 134 个国家和地区 1985—2005 年的技术成就指数,发现高收入国家与中低收入国家的技术成就水平总体上呈收敛效应,但少数国家存在马太效应,表明全球各国的技术差距在逐渐缩小,发展中国家实施技术赶超战略有一定的成效[②]。王磊、陈向东(2009)采用区域专利申请量,并通过计算基尼系数和空间指数 Moran I,针对创新的总体收敛、地区内收敛及地区间收敛的演变趋势,以及区域创新的空间相关性,比较研究了中日两国省级区域创新的演化特征差异。整体上,中国区域创新在特定地理区域范围内的不均衡分布程度高于日

① 李松龄,生延超.技术差距、技术溢出与后发地区技术收敛[J].河北经贸大学学报,2007(7):5—10.
② 范黎波,郑建明.江琳.技术差距、技术扩散与收敛效应:来自 134 个国家技术成就指数的证据[J].中国工业经济,2008(9):69—76.

本,而在地理区域群之间创新活动的差异又远低于日本[1]。孙建、齐建国(2009,2011)实证研究发现区域创新过程中存在着以研发人力资本为门槛的区域创新收敛及收敛的俱乐部效应[2][3]。徐林清、潘丽丽(2012)研究发现大多数新兴市场国家出口技术结构正在向高收入国家靠近,特别是中国、印度等亚洲国家,而且这些国家之间的技术结构差距也在明显缩小,技术结构的高度化和同步化趋势十分明显。中高技术水平和中低技术水平的产品收敛速度最快[4]。

学者们研究了中国地区技术创新的收敛性。陈向东、王磊(2007)以我国省区专利申请及其增长率作为区域创新产出水平的度量指标,按照东中西三大地区(俱乐部)的划分,通过收敛检验及基尼系数分解法实证研究发现1996—2005年间我国东中西三大地区没有呈现显著的俱乐部收敛特征,地区内及地区间的创新差距均有逐渐扩大的趋势;无论创新活动还是经济发展水平,全国总体非均衡发展均主要源于三大地区内的非均衡发展[5]。沈能(2009)实证研究发现长三角地区技术发展具有明显的"俱乐部"收敛特征,同时区域内三大地区在系统内相互作用

———————

① 王磊,陈向东.中日两国区域创新的动态收敛特征研究[J].科研管理,2009(3):9—15.

② 孙建,齐建国.人力资本门槛与中国区域创新收敛性研究[J].科研管理,2009(11):31—38.

③ 孙建.中国区域创新内生俱乐部收敛研究——空间过滤与门槛面板分析[J].科学学与科学技术管理,2011(7):74—80.

④ 徐林清,潘丽丽.新兴市场国家制成品出口技术构成的收敛趋势研究[J].世界经济研究,2012(8):49—54.

⑤ 陈向东,王磊.基于专利指标的中国区域创新的俱乐部收敛特征研究[J].中国软科学,2007(10):76—85.

产生了动态联动效应①。范爱军、刘强(2011)估算了我国各省区1992—2008年间通过进口和外商直接投资渠道获得的国际技术扩散额,建立模型探讨了其空间收敛问题,认为我国省域国际技术扩散表现出了一定的空间收敛性,这种收敛与周边地区国际技术扩散情况的随机冲击有关,但与周边地区的国际技术扩散的增长速度无关②。

与基于国家或区域视角技术创新收敛的研究相比,较少的学者关注了企业技术创新的收敛性。就查阅到的资料来看,Gambardella和Torrisi(1998)引用了32家美国和欧洲的电子企业1984—1992年的有关子公司、并购、合作协议和专利方面的数据,考察了技术收敛与产品市场多样化之间的关系。他们发现,在20世纪80年代,许多企业重点关注的产品领域越少,但是其所涉足的技术领域越呈现出多元化的趋势③。Athreye和Keeble(2000)通过对比研究英国母公司与子公司的行业及技术领域发现技术收敛在一定程度上影响了母公司对子公司涉足技术领域的选择④。王磊、陈向东(2008)通过专利数据及RTA相关指标,分析了我国五大电子行业中外企业的技术发展

① 沈能.区域一体化与技术水平的"俱乐部"收敛性研究[J].科学学与科学技术管理,2009(1):108－114.

② 范爱军,刘强.中国省域国际技术扩散的空间相关与收敛[J].山西大学学报(哲学社会科学版),2011(7):123－129.

③ Gambardella. A,Torrisi. S. Does technological convergence imply convergence in markets? Evidence from the electronics industry[J]. Research Policy,1998,27(5):445－463.

④ Athreye. S,Keeble. D. Technological convergence globalization and ownership in the UK computer industry[J]. Technovation,2000,20(5):227－245.

特征,研究发现,外资企业相比中资企业表现出了更显著的技术收敛特征[①]。

四、企业技术创新效率的研究 ●●➡

技术创新效率是研究在创新活动过程之中,投入要素与产出要素之间的转化效率。关于技术创新效率研究,从现有的研究看来,学者们在区域、产业或行业、企业视角都有展开相关研究。

国内外对技术创新效率的研究,主要是从国际和地区层面研究国家与国家之间的效率比较。Nasierow 和 Arcelus(2003)采用 DEA 分析方法对 45 个国家的技术创新效率进行测算,结果表明技术创新规模和资源配置能力是影响生产率变化的重要原因[②]。Rolf et al. (2004)则是运用 Malmquist 指数方法,评价了 OECD 国家的技术创新效率的动态变化情况[③]。Hak-Yeon 和 Yong-Tae(2005)运用 DEA 分析方法研究研发效率并进行国际比较,得出新加坡在总效率中排名第一,日本在专利导向的效率中排名第一,同时发现中国大陆、韩国和台湾在研发中相对

① 陈向东,王磊. 基于专利指标的中国区域创新的俱乐部收敛特征研究[J]. 中国软科学,2007(10):76-85.

② Nasierowski W. ,Arcelus F. J. On the efficiency of national innovation systems[J]. Socio-Economic Planning Sciences,2003,37(3):215-234.

③ Rolf. F. et al. Productivity Growth, Technical Progress, and Efficiency Change in Industrialized Countries[J]. American Economic Review,2004,84(1):66-83.

无效率[①]。Hollanders 和 Esser(2007)以研发投入强度与其创新产出的效率为衡量标准,将世界各国分为创新的领导者、创新的追随者以及缓慢的创新者三类[②]。

国内的一些学者认为技术创新效率差别是导致中国区域发展不平衡的一个重要原因,学者们试图以区域为单位来评价各个地区的技术创新效率。韩颖、徐佩川等(2006)分两阶段利用 DEA 分析方法评价了中国 24 省市的区域创新效率[③]。刘凤朝(2007)运用 Malmquist 指数方法评价了我国科技创新效率,其研究得出技术进步是我国科技创新效率提升的源泉,而资源配置效率的贡献比较小[④]。谢建国、周露昭(2007)利用 DEA 分析方法研究了中国 30 个省区技术创新有效性,其研究认为中国大多数地区技术创新效率较高,但是资源配置能力影响技术创新效率的提升[⑤]。林佳丽、薛声家(2008)利用超效率模型和 BC2 模型,客观评价了广东省 21 个城市科技创新相对有效性[⑥]。白俊红、江

---

① Hak-Yeon L. and Young-Tae P. An International Comparison of R&D Efficiency:DEA Approach[J]. Asian Journal of Technology Innovation,2005,13(2):207-222.

② Hollanders H. and Esser F. C. Measuring Innovation Efficiency [J]. INNO-Metrics Thematic Paper. 2007,(12):1-26.

③ 韩颖,徐佩川,梅开. DEA 方法在中国工业部分产业技术创新效率评价中的应用[J]. 技术经济,2007(9):57-59.

④ 刘凤朝,潘雄锋. 基于 Malmquist 指数法的我国科技创新效率评价[J]. 科学学研究,2007(5):986-990.

⑤ 谢建国,周露昭. 中国区域技术创新绩效——一个基于 DEA 的两阶段研究[J]. 学习与实践,2007(6):29-34.

⑥ 林佳丽,薛声家. 广东省各市科技创新有效性评价——基于 DEA 超效率模型的分析[J]. 科技管理研究,2008,28(8):111-114.

可申等(2009)应用 SFA 模型,实证测评了中国大陆 30 个省级地区 1998—2006 年期间研发创新的相对效率[①]。龙如银、李仲贵(2009)则采用了超效率 DEA 方法评价了中国 30 个省份的技术创新效率,结论表明技术引进对中国技术创新效率有重要影响[②]。

　　除了研究国家层面技术创新之外,诸多学者在某个特定行业的技术创新效率方面也颇有研究,这方面的研究一般运用中观的数据。Martin(2001)运用 SFA 方法测算了阿根廷燃油行业的技术效率变化和技术进步情况[③]。Hashimoto 和 Haneda(2008)运用 DEA-Malmquist 指数方法测算了日本医疗产业的研发创新效率变化,研究得出日本医疗产业研发创新效率在变差[④]。Shekhar 和 Vikram(2009)运用 DEA 分析方法研究了美国光伏产业的技术创新效率,结论得出行业竞争程度和项目规模是主要影响因素[⑤]。陈泽聪、徐钟秀(2006)利用两阶段的方

　　① 白俊红,江可申.中国地区研发创新的相对效率与全要素生产率增长分解[J].数量经济技术经济研究,2009,(3):139—151

　　② 龙如银,李仲贵.基于 SE-DEA 的中国省域技术创新效率评价[J].科技管理研究,2009,(1):73—75.

　　③ Martin A. R. Technical Change and Efficiency Measures:the Postprivatisation in the Gas Distribution Sector in Argentina[J]. Energy Economics,2001,23(3):295—304.

　　④ Hashimoto A. and Haneda S. Measuring the Change in R&D Efficiency of the Japanese Pharmaceutical Industry[J]. Research Policy,2008, 37(10):1829—1836.

　　⑤ Shekhar,Vikram. Evaluation of Potential of Innovations:A DEA-Based Application to U. S. Photovoltaic Industry[J]. IEEE Transactions on Engineering Management,2009,56(3):478—493.

法评价了中国制造业各行业和各省市制造业 1994—2003 年期间的技术创新效率值,然后利用面板数据模型研究了影响企业技术创新效率的因素,其研究结果说明了企业创新管理、企业规模、行业技术水平和技术创新效率呈正相关关系,并且认为由于制造业的过度竞争以及需求不足导致企业技术创新投入不足,从而市场竞争程度和创新效率呈负相关关系[①]。李双杰、王海燕等(2006)利用数据包络分析方法,研究了制造业不同行业技术创新配置效率值[②]。俞立平(2007)研究了大型工业企业性质与创新效率的关系,研究发现各类企业纯技术效率水平比较高,而规模效率偏低,技术进步有所下降[③]。郑珊珊、樊一阳等(2010)利用数据包络分析即 DEA 法,对中国高技术产业的 15 个具体行业的技术创新资源配置效率进行分析评价[④]。吴永林、赵佳菲(2011)运用 DEA-Malmquist 指数分析方法,研究了北京高技术企业技术创新效率及其变化情况,研究表明,总体而言,北京高技术企业总体技术创新效率有所提高,但是有些行业技术效率在恶化[⑤]。项本武(2011)采用研发资本存量、知识存量、劳动作为投入变量,以专利作为产出变量来研究我国工业行

①　陈泽聪,徐钟秀.我国制造业技术创新效率的实证分析[J].厦门大学学报(哲学社会科学版),2006,(6):122—125.

②　李双杰,王海燕,刘韧.基于 DEA 模型的制造业技术创新资源配置效率分析[J].工业技术经济,2006,25(3):112—115.

③　俞立平.企业性质与创新效率[J].数量经济技术经济研究,2007,(5):108—115.

④　郑珊珊,樊一阳.基于 DEA 模型的高技术产业技术创新资源配置效率分析[J].科技管理研究,2010,30(3):133—135.

⑤　吴永林,赵佳菲.基于 DEA 的北京高技术企业技术创新效率研究[J].科技和产业,2011,1(1):65—67.

业的技术创新效率,研究得出不同行业其技术创新效率存在不平衡,我国工业行业的技术创新效率并未呈现提升之势[1]。

由于数据获得相对比较容易,学者们在国家或地区、行业层面的相关研究比较多。相比之下,企业层面的技术创新效率测算的指标数据由于其获得难度比较大,运用企业微观数据来做企业技术创新效率研究的相对比较少。池仁勇(2003)利用DEA分析方法,问卷调查了浙江230家企业得出数据,运用这些微观数据研究了不同性质的企业技术创新效率问题[2]。梁莱歆(2006)以R&D经费、技术人员作为投入指标,以利润率、收入增长率为产出指标,运用DEA方法评价了生物上市企业的技术创新效率[3]。陈伟(2008)运用DEA-Malmquist指数方法研究了电子行业15家上市企业的技术创新效率变动情况。研究得出,技术进步促进技术创新效率的提升,但是技术效率的恶化引起了技术创新效率的下降[4]。贺提胜(2010)也是利用微观企业的数据,运用数据包络分析方法中的BBC模型评价了国内10家房地产企业的技术创新效率[5]。汪旭辉(2010)则是以员工人数、营业成本、固定资产总额为投入指标,以净利润、主营业务

① 项本武.中国工业行业技术创新效率研究[J].科研管理,2011,32(1):11—14.

② 池仁勇.企业技术创新效率及其影响因素研究[J].数量经济技术经济研究,2003,(6):105—108.

③ 梁莱歆.基于DEA的企业R&D有效性研究[J].科研管理,2006,27(6):68—73.

④ 陈伟.基于DEA-Malmquist指数的企业创新效率变动研究[J].科技进步与对策,2008,(8):139—142.

⑤ 贺提胜.基于DEA的房地产企业技术创新效率评价[J].合作经济与科技,2010,(4):20—21.

收入为产出指标,运用 DEA-Malmquist 指数方法研究物流上市企业自主创新效率情况[①]。李强(2011)以 R&D 经费、技术人员为投入指标,以利润率为产出指标运用 DEA 分析方法研究了深交所上市企业的技术创新效率,研究发现企业的技术创新效率各不相同,并将企业按技术创新效率和企业利润进行聚类分析[②]。

五、技术创新与出口贸易关系研究 ●●➡

目前国内外学者关于技术创新与国际贸易的研究主要集中在两个层面,一是从国家的宏观角度研究技术创新在促进贸易进步乃至经济增长中的作用,另一方面是从企业这一微观主体角度出发研究技术创新在企业出口决策行为中的作用以及技术创新与企业国际竞争力之间的关系。

(一)技术创新与出口贸易关系的国外研究

亚当·斯密和李嘉图最早将技术引进国际贸易理论的研究中,他们将国际贸易的原因归结于技术差异即劳动生产率的不同,因此技术会影响国际贸易的模式,但是他们没有认识到技术在国际贸易中的重要地位。Posner(1961)提出的技术差距贸易

---

① 汪旭辉.物流上市公司自主创新测度及其影响因素[J].河北经贸大学学报,2010,31(4):70—76.
② 李强.基于 DEA 方法的我国中小企业技术创新效率研究[J].科技管理研究,2011,(10):43—45.

理论认为国际贸易产生在技术差距的基础之上[①]。Hirch(1967)和 Vernon(1966)研究了为什么新产品的生产总是最先出现在创新能力高的国家而不是在成本较低的地区[②]。Krugman(1979)用单一劳动要素、南北两地区的一般均衡模型分析了北方国家的新产品和新技术逐渐转移到南方国家的周期过程,指出技术是引起南北方投资和收入的变化及贸易模式改变的根本原因[③]。之后的许多学者都在南北贸易模型的基础上进一步研究了技术在促进贸易模式改变和经济发展中的重要作用。詹森、瑟斯比(1986),弗拉姆和赫尔曼(1987)和范艾肯(1996)先后运用动态博弈模型和垂直产品模型从不同角度分析了技术在国际贸易中的重要作用[④][⑤][⑥]。

大量学者也通过实证研究分析了技术创新与国际贸易的关系。Laursen(1999)用 20 个国家 17 个制造业的贸易数据和专

① Posner, M. V. International trade and technology change[J]. Oxford Economic Papers, 1961, 13:323 — 341.

② Vernon, R. International investment and international trade in the product cycle[J]. Quarterly Journal of Economics, 1966, 80:190—207

③ Krugman, P. A Model of Innovation, Technology Transfer, and The World Distribution of Income[J]. Journal of Political Economy, 1979, 87:253—266.

④ Jensen, R. and M. Thursby, 1986. A strategy approach to the product life cycle[J]. Journal of International Economics, 21, 269—284.

⑤ Flam, H. and E. Helpman, 1987. Vertical product differentiation and North-south trade[J]. American Economic Review, 77, 810—822.

⑥ Van Elkan, R. Catching up and slowing down: learning and growth patterns in an open economy[J]. Journal of International Economics, 1996, 41:95—111.

利数据分析技术创新在贸易增长中的作用,结果表明 8 个技术
密集型部门中技术创新和出口额显著正相关,并且技术创新能
力越强,出口增长率也越高[①]。Wakelin(1998)通过分析 9 个
OECD 国家 22 个行业的产业间和产业内溢出效应,认为技术创
新对出口贸易有显著的促进作用[②]。Cassiman 和 Martinez-Ros
(2004)分析了西班牙制造业 1990—1999 年的情况,指出技术创新
是出口的重要驱动力,产品创新对出口决策有着积极的影响[③]。

以上国外学者都是基于传统贸易理论和新贸易理论从国家
的宏观角度出发研究技术在国际贸易中的重要作用,研究假定
的前提是企业是同质的,与现实中的企业异质相悖。基于此,国
际学术界对贸易解释开始进入到企业微观层次,发展了新新贸
易理论体系——企业异质性贸易理论(Melitz,2003;Bernard et
al. ,2003)[④][⑤],将企业看作异质性的个体,在一般均衡贸易理论
的框架下研究了异质企业的贸易机制。

Melitz(2003)最早提出了企业异质性贸易模型,用一般均

① Laursen. The impact of technological opportunity on the dynamics of trade performance[J]. Structural change and economic dynamics,1999, 10:341－357.

② Wakelin,K. The role of innovation in bilateral OECD trade performance[J]. Applied Economics,30:1335－1346,1998.

③ Cassiman, B. and Martinez-Ros, E. Innovation and Exports:Evidence from Spanish Manufacturing[J]. Working Paper,2004

④ Melitz J. The impact of trade on intra-industry reallocations and aggregate industry productivity[J]. Econometrica,2003,71(6):1695－1725.

⑤ Bernard A. et al. Plants and productivity in international trade[J]. American Economic Association,2003,93(4):1268－1290.

衡方法解释国际贸易中企业之间存在的差异和出口决策行为，他将企业生产率的差异引入模型，认为企业只有在清楚生产率的状况后才会做出出口决策。企业异质性模型的研究表明，生产率最高的企业主要进行产品出口，生产率居中的企业为本国市场生产产品，而生产率最低的企业将会退出竞争。

各国学者也逐渐开始从异质企业层面对出口企业技术创新进行理论和实证研究。从已查阅到的出口企业技术创新资料看，学者们的研究主要集中在企业出口与技术创新关系方面。

在理论研究方面，Yeaple(2005)将技术因素引入企业异质性贸易模型，用一般均衡方法分析了企业异质性产生的根源，认为企业异质性是贸易成本、技术特征、工人技术异质性共同作用的结果[①]。企业异质性模型的关键结论之一是企业生产率是企业出口行为的决定因素，而技术创新是影响企业生产率的重要因素。技术创新的实质就是提高劳动生产率，因此企业可以通过技术创新影响出口行为，不断提高国际竞争力。Yeaple(2005)的研究指出，出口企业使用比非出口企业更先进的技术。

在实证研究方面，Basile(2001)运用意大利企业的数据，通过理论模型推导和实证研究，发现技术创新能力和企业出口之间存在显著相关关系，技术创新是可以解释企业异质性根源的重要因素，同时通过对比研究，发现进行技术创新活动的企业比没有进行技术创新活动的企业出口比例更高[②]。Baldwin

---

① Yeaple. A Simple Model of Firm Heterogeneity International Trade and Wages[J]. Journal of Economics,2005(65):1—20.

② Basile. Export behaviour of Italian manufacturing firm over the nineties:the role of innovation[J]. Research Policy,2001,30

(2004)发现企业进入出口市场后,技术创新的投入明显增多①。
Solomon 和 Shaver(2005)通过对西班牙企业的研究发现,在企
业进入出口市场后企业的技术创新能力明显提高②。Aw 等
(2007)使用台湾地区电子企业的面板数据进行实证研究发现,
不进行技术创新的非出口企业生产率增长速度最慢,其次为单
纯出口的企业,而进行技术创新的出口企业生产率增速最快③。
因此他们认为技术创新能力的高低是决定一个出口企业能否从
国际市场中获得外溢效应的关键因素。Montobbio and Rampa
(2005)的研究指出,企业竞争力低下的问题可以通过进行技术
创新活动来改善,而技术创新活动所引起的商品结构的变化是
将技术能力转化为出口能力的重要途径④。Lachenmaier
(2006)认为国际市场的竞争压力迫使出口企业改进其产品和生
产流程以维持竞争力,从而增加了创新的可能性;同时出口企业
可以通过"出口中学习",从外国购买者那里接触和学习到技术

———————

① Baldwin,J. R. & Gu,W. ,Trade liberalisation:Export-market Participation,Productivity Growth and Innovation[J]. Oxford Review of Economic Policy,2004,20:372—392.

② Salomon R,Shaver JM. 2005. Learning by exporting:new insights from examining firm innovation[J]. Journal of Economics and Management Strategy 14(2):431—460.

③ Aw. Export Market Participation,Investment in R&D and Worker Training and the Evolution of Firm Productivity[J]. The World Economy,2007(30):83—104.

④ Montobbio and Rampa. The impact of technology and structural chang on export performance in nine developing countries[J]. World Developmental,2005.33(4):527—547.

专业知识,从而改进其产品,提高其技术创新的能力[①]。Wignaraja(2008)和 Antoniettil et al.(2011)证实技术创新对企业出口有促进作用[②③];但 Hasan et al.(2003)研究证实技术创新对印度出口企业的影响是有限的[④];Barrios et al.(2003)发现企业 R&D 投入对 OECD 地区出口的影响远大于对其他地区的影响[⑤]。众多学者从不同角度实证研究了技术创新和企业出口贸易之间的关系,大多数结论都表明二者之间存在显著的正相关关系。国外学者都把注意力集中在异质企业出口与技术创新的关系研究上,但对异质出口企业技术创新规律的实证研究较少。

(二)技术创新与出口贸易关系的国内研究

国内学者主要基于传统贸易理论和新贸易理论从国家层面和行业层面来研究技术创新对出口的影响。姚利民、方妙杰

---

① Stefan Lachenmaier, Ludger Woessmann. Does innovation cause exports? Evidence from exogenous innovation impulses and obstacles using German micro data[J]. Oxford Economic Papers,2006,58:317—350.

② Wignaraja G.,FDI and Innovation as Drivers of Export Behavior [J]. UNU-MERIT Working Paper No. 2008—061,2008.

③ Antoniettil R. and Cainelliet G.,The Role of Spatial Agglomeration in a Structural Model of Innovation,Productivity and Export[J]. The Annals of Regional Science,2011,46(3):577—600.

④ Hasan R. et al. Does Investing in Technology Affect Exports? [J]. Review of Development Economics,2003,7(2):279—293.

⑤ Barrios S. et al. Explaining Firms' Export Behavior[J]. Oxford Bulletin of Economics and Statistics,2003,65(4):475—496.

(2007)和林琳(2008)通过实证认为技术创新对出口具有促进作用[1][2]；魏龙、李娟(2005)、张华胜(2006)则证实技术创新对不同行业出口有着不同的影响[3][4]；王刚波、官建成(2009)认为尽管中国已经在个别部门建立了一定的技术优势,但这种优势尚未转化为在国际市场中的竞争优势[5]；李平、田朔(2010)认为出口贸易的技术溢出效应显著为正[6]。

国内学者对出口企业技术创新研究较少。马宁(2002)研究发现核心创新能力的单独作用并不能促进出口能力的持续提高,而辅助创新能力则使企业获取持续国际竞争力成为可能[7]。谢军、徐青(2010)研究发现,广东制造型出口企业比非出口企业更具技术优势;这些企业的开发与利用实用新型专利和外观设计专利主要用于形成国际市场竞争优势,而发明专利更多地帮

---

①　姚利民,方妙杰.技术创新促进中国出口贸易的实证研究[J].国际商务研究,2007(3):12－17.

②　林琳.技术创新、贸易竞争优势与出口绩效的实证研究[J].国际贸易问题,2008(11):68－73.

③　魏龙,李丽娟.技术创新对中国高技术产品出口影响的实证分析[J].国际贸易问题,2005(12):32－40.

④　张华胜.中国制造业技术创新能力分析[J].中国软科学,2006(4):15－23.

⑤　王刚波,官建成.技术创新对出口的影响[J].科学研究,2009(9):1412－1417.

⑥　李平,田朔.出口贸易对技术创新影响的研究:水平溢出与垂直溢出[J].世界经济研究,2010(2):44－57.

⑦　官建成,马宁.我国工业企业技术创新能力与出口行为研究[J].数量经济技术经济研究,2002(2):103－106.

助企业形成国内市场竞争优势①。李正卫等(2010)利用浙江省高技术产业中 1 111 家企业 2003—2005 年的调查数据,研究了不同类型的技术引进和产品出口对企业自主研发投资的影响②。刘秀玲(2011)采用面板数据模型实证研究了中国出口企业技术创新的特性及影响因素③。戴觅、余淼杰(2011)采用中国制造业企业的数据,研究发现对于有出口前研发投入的企业,出口对生产率存在着持续且幅度较大的提升作用;但对于没有出口前研发投入的企业,出口对生产率没有显著的提升效应或提升效应短且较弱;出口对生产率的提升效应随企业从事出口前研发年数的增加而提高④。

总的来说,无论是理论分析还是实证研究,宏观研究还是微观分析,国内外学者基本都得到了一致的结论:技术创新和出口贸易之间存在相关关系。

六、现有研究评述 ••➡

现有研究为本研究的顺利开展奠定了基础,但纵观国内外

---

① 谢军、徐青.广东制造企业技术创新能力与出口绩效的关系研究[J].科技管理研究,2010(12):77—79.

② 李正卫、池仁勇、Cindy Millman.技术引进和出口贸易对自主研发的影响——浙江高技术产业的实证研究[J].科学学研究,2010(10):1495—1501

③ 刘秀玲.中国出口企业技术创新特性与影响因素研究[J].国际商务,2011(6):110—111

④ 戴觅,余淼杰.企业出口前研发投入、出口及生产率进步[J].经济学(季刊),2011(11):211—230

现有的研究,主要存在以下不足:

一是目前学者关于技术创新与出口贸易的理论研究还主要集中在宏观层面,主要分析技术创新和一国出口贸易之间的关系,虽然企业异质性理论开始从微观角度注意到技术创新在企业出口中的重要作用,但是还没有建立完整的阐述二者关系的理论模型。

二是多数实证研究都是以出口额或出口虚拟变量为被解释变量,衡量技术创新对出口的促进作用,而关于出口企业技术创新异质性规律的研究基本没有。

三是关于技术创新影响因素的实证研究都是从制造业整体出发,没有对不同因素、不同行业的影响进行更细致的研究,尚缺乏出口企业技术创新收敛性和效率的研究。

四是现有的企业异质性贸易理论主要研究的是生产率的差异,而对于技术创新的差异尚缺乏研究。

第二章
出口企业技术
创新理论研究

一、传统国际贸易理论对
技术创新的认识

　　熊彼特最早将技术创新的概念界定为发明的首次利用。随着技术创新理论的不断发展,各国学者试图从不同角度对技术创新的内涵进行多角度、多层次的探究,经济学家、管理学家和政府机构都从不同角度对技术创新概念进行了表述。本书综合前人观点认为:技术创新是企业通过对生产要素的重新组合,采用新的生产工艺,推出新产品,占领新市场或者建立新组织以获得更高利润的过程。

　　将技术引入到国际贸易理论研究范畴贯穿整个国际贸易理论的发展过程,从古典到新古典、从新贸易理论到企业异质性贸易理论,技术创新和出口贸易之间的互动效应研究在一步步加强。

　　最早将技术因素引入到国际贸易理论分析的是亚当·斯密,他认为产生国际贸易的根源是生产成本的差异,而形成这种状况的原因是技术优势积累所带来的劳动生产率的差异。李嘉图在他的比较优势理论里也肯定了技术因素在国际贸易中的重要作用,认为技术的绩效——劳动生产率是比较优势形成的基础。随后以 H-O-S 为代表的新古典贸易理论在控制技术不变的基础上,研究认为国际贸易的产生是基于要素禀赋的不同①。而"新要素理论"则将技术变量引入要素禀赋模型,还通过增加技术创新人力资本和资金投入等新要素解释了技术创新活动可能对国际贸易模式产生的影响。

　　20 世纪以来,伴随着国际贸易中不断出现的新现象和新问题,众多学者开始研究国际贸易产生的根本原因和内在机制,技术创新和技术进步的作用逐渐被学者所认识。波斯纳(1961)最早提出了"技术差距模型",认为技术差距产生比较优势从而决定了国际贸易的模式。在国际市场的竞争中,首先进行技术创新的国家生产出某种新产品,并迅速靠这种技术优势占有市场垄断地位,因而与没有这种技术的国家产生技术差距,导致了国际贸易的产生②。随后美国经济学家雷蒙德·弗农(1966)在技术差距模型的基础上提出产品生命周期理论,详细分析了在技术产生、发展和成熟的过程中比较优势和国际贸易模式的变化③。克鲁格曼借鉴了新贸易理论的研究成果,建立了技术在发达国家和发展中国家转移的一般均衡模型。该模型假设世界上仅有两个国家:有技术创新的北方国家和没有技术创新的南方国家,北方国家首先生产出新产品,出口到南方国家,同时从

---

① 王冉冉.基于技术要素的国际贸易理论——兼论我国贸易产业国际竞争力的提升[J].对外经贸实务,2005(2):103-106

② Posner. M. International trade and technical change[J]. Oxford Economic Paper,1961,13(3):323-341

③ Dollar. R. Technological innovation,capital mobility,and the product cycle in North-South trade[J]. American Economic Review,1986,76(3):177-190

南方国家进口老产品,根据弗农的产品生命周期理论,北方国家的新产品和新技术逐渐转移到南方国家,由此引起了南北方投资和收入的变化,进而导致国际贸易的模式发生变化①。

传统国际贸易理论揭示了国际贸易与技术创新之间的相互作用,国际贸易可以通过激烈的国际竞争使得各国不断革新技术从而开发新产品,同时国际技术外溢也使各国获得学习的机会,技术进步也通过重新配置资源决定贸易模式。

二、基于企业异质性角度的技术创新与 出口贸易理论分析 ●●➡

传统的国际贸易理论和新贸易理论关于技术创新与出口贸易的理论都是从国家或行业的研究角度出发,认为贸易的基础是各国之间产品生产的比较优势,企业都是同质的,即具有相同的生产率水平和技术水平,而随着理论与经验的不断积累,大量学者的研究发现,出口企业与非出口企业大量存在于一个产业内部,而且彼此间存在很大差异,这是传统贸易理论无法解释的现象。随后,Melitz(2003)和 Bernard(2004)等学者提出了生产率异质性贸易理论②③。

---

① 方妙杰.技术创新对中国出口贸易的影响研究:[硕士学位论文].杭州:浙江工业大学,2006

② Melitz. Marc J. The Impact of Trade on Intra-Industry Reallocations and Aggregate Industry Productivity[J]. Econometrica,2003,71(6):1695—1725.

③ Bernard,Andrew B. et al. Plants and Productivity in International Trade[J]. American Economic Association,2003,93(4):1268—1290.

异质性的实质主要就是一个企业相对于其他企业,所具有的差异和差别,这种差别主要是由市场不完全条件下,企业的自由发展所造成的,主要包括但不限于:企业劳动生产率、科研技术水平、企业规模、成本销售构成、企业股本构成、融通资金的优势等。异质性也通常被认为是企业的先天性差别,即在企业确定不同的投资发展模式之前,就已经具备的本质差别。

企业异质性贸易理论模型最早由 Melitz(2003)提出[②],该模型假定企业的出口行为是由企业的生产率和贸易固定成本(沉没成本)相互作用而内生决定的,同时假定有一个由多个厂商依次提供不同品牌差异产品的产业,厂商 i 面临的需求函数为:

$$y(i) = Ap(i)^{-\epsilon} \tag{2-1}$$

其中 y 是需求数量,p 是价格,A 是需求水平的度量,$\epsilon = 1/(1-\alpha)$ 是不变的需求弹性,且 $0 < \alpha < 1$,意味着 $\epsilon > 1$。

厂商 i 进入该行业后的生产率为 $\theta(j)$,假定 $c/\theta(j)$ 为其总产量中单位产出的可变生产成本,cf_D 为固定成本,其中 c 是资源成本的度量,f_D 是以资源度量的固定生产成本。

该厂商产品销售的利润最大化战略使之将产品价格定为:

$$p(i) = c/\alpha\theta(i) \tag{2-2}$$

此时厂商获得的利润为:

$$\pi(i) = \theta(i)^{\epsilon-1}B - cf_D \tag{2-3}$$

其中 $B = (1-\alpha)A(c/a)^{1-\epsilon}$。由于利润并非取决于厂商身份而是决定于其生产率,因此去除厂商标识 i,并令 $\Theta = \theta^{-1}$,得到该行业厂商在国内市场上的利润函数:

$$\pi_D(\Theta) = \Theta B - cf_D \tag{2-4}$$

存在着一个最低生产率要求 Θ_D，低于这一生产率的厂商将选择不再生产，因其利润不足以补偿固定成本，只有生产率更高的厂商向市场提供其产品。

现在考虑有国际贸易的情况，假定 i 厂商可以向国家 λ 出口其产品，其面临的需求函数为：

$$y(i) = A^\lambda p(i)^{-\varepsilon} \qquad (2-5)$$

即两个市场的需求弹性相同，而需求水平可能不一样。再假定两国间运输成本 $\tau > 1$，固定出口成本为 cf_x。生产率 Θ_D 的厂商中，部分厂商通过出口可获得额外利润：

$$\pi_x{}^\lambda = \tau^{1-\varepsilon}\Theta B^\lambda - cf_x \qquad (2-6)$$

由于市场竞争，其中低于某一生产率的厂商将选择不再进行生产，这一最低生产率要求为 Θ_D，只有生产率更高的厂商才会向市场提供其产品，因为低于这一生产率，其利润不足以补偿其固定成本。

如图 2-1，考虑 $A^\lambda = A$ 从而 $B^\lambda = B$，并且 $\tau^{1-\varepsilon}f_x > f_D$ 的情形，当两个市场的需求水平相同时，由于贸易成本的存在和固定成本相对规模的假定，π_D 要比 $\pi_x{}^\lambda$ 更陡峭，从而 $\Theta_x^\lambda > \Theta_D$。相应的结论是：对于生产率过低的企业，即 $\Theta < \Theta_D$，它们在出口市场和国内市场上都只能取得负利润，因而只能退出该行业；生产率较高但又未足够高的企业，即 $\Theta_D < \Theta < \Theta_x^\lambda$，它们可以在国内市场获得正的利润，但进行出口则会亏损，这类企业是非出口企业；只有生产率水平 $\Theta > \Theta_x^\lambda$ 的企业，它们在国内和国外市场销售都是有利可图的，并且由于出口带来额外利润，这些企业将既在国内市场销售，又从事对外出口，其企业规模和获利能力都优于仅在国内销售的企业。

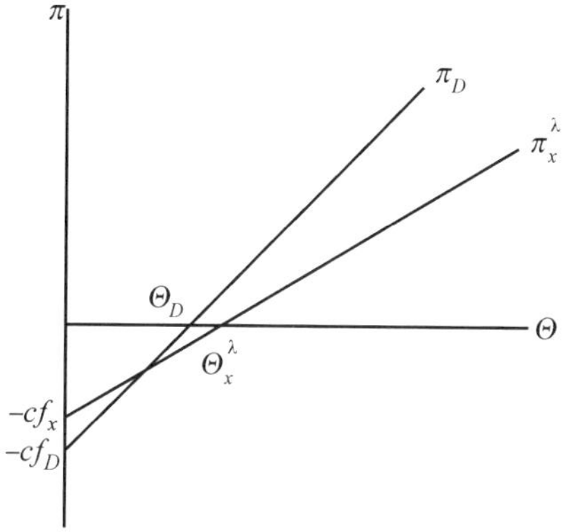

图 2-1　出口与非出口的决定条件

从 Melitz(2003)的企业异质性贸易模型我们可以看出,生产率是决定企业是否出口的重要因素。因此,一个企业获得生产率优势后,也增大了其从事出口的可能性。而影响企业生产率的因素主要有资本、劳动力、技术和企业的组织结构,其中技术起着关键性的作用。企业要想提高生产率,技术创新是必然途径。而技术创新的实质就是提高生产率,因此技术创新通过影响生产率,从而对企业的出口行为产生影响。

Yeaple(2005)的企业异质性贸易模型也表明从事出口的企业往往规模较大,采用更为先进的技术,并支付较高的工资,而企业异质性是贸易成本、技术特征、工人技术异质性共同作用的结果①。由此可见,企业异质性贸易理论将企业生产率的差异视为企业出口与否的重要因素,而技术水平的不同则是形成生

---

① Yeapal. A Simple Model of Firm Heterogeneity International Trade and Wages[J]. Journal of Economics,2005(65):1-20.

产率差异的根源。

Basile(2001)建立了企业出口行为决定模型并运用西班牙制造业企业的数据对技术创新和出口之间的关系进行了研究[①]。该模型假定市场为垄断竞争形态，n 个企业可以同时在国内和国外市场上销售产品，国内总需求和国外总需求分别表示如下：

$$Q^d = \sum_{i=1}^{n} q_i^d \tag{2-7}$$

$$Q^f = \sum_{i=1}^{m} q_i^f \tag{2-8}$$

其中 q_i^d 和 q_i^f 分别为企业 i 在国内和国外市场上的销售量，企业 i 的总产量为 $q_i^d + q_i^f$，假设企业以产品的技术创新水平为依据在国内和国外市场上分配销售量，而一种创新产品在两个市场上都可以取得更高的收益，即 $\delta R^d/\delta I_i > 0$ 和 $\delta R^f/\delta I_i > 0$，那么企业的收益由原有产品的收益和技术创新产品的收益两部分组成：

$$R_i = \{p^d(Q^d) + a^d I_i\}(1 - y_i)q_i + \{p^f(Q^f) + a^f I_i\}y_i q_i \tag{2-9}$$

上式中 a^d 和 a^f 分别是创新产品在国内和国外市场上的利润率，而 $y_i = q_i^f/q_i$ 为企业 i 的出口份额。

如果用 $C^d(x)$ 表示企业国内生产成本，影响成本的因素包括技术水平、企业规模和企业的资本结构等，同时企业进入国际市场也会产生沉没成本 C^f，主要包括在国际市场上的营销和广告费用。假设企业总是可以获得最大化的利润，此时最优的出

---

① Basile. Export behaviour of Italian manufacturing firm over the nineties: the role of innovation[J]. Research Policy, 2001(30): 1185—1201.

口产出为 q^{f*} [1]，那么企业在短期获得的利润可以表示为：

$$\prod_i = [p^d(Q^d) + a^d I_i][(1 - y_i^*)q_i] + [p^f(Q^f) + a^f I_i]y_i^* - q_i - C_d(x) - C_f \tag{2-10}$$

Basile(2001)认为企业出口行为受到国外市场与国内市场利润率的差额（$a^f - a^d$）、企业的技术创新水平（T）、企业规模（$size$）、企业的所有权结构（$group$）、单位劳力成本（lev）和企业所处的区位（$south$）决定。

$$y_i = F(a^f - a^d, T, size, group, lev, south) \tag{2-11}$$

当国内和国外创新产品的收益差额越大、技术创新水平越高，企业的出口动力也越强。在上述分析的基础上，由公式2-11得出出口企业技术创新行为的决定因素的模型。即：

$$T = F(y_i, a^f - a^d, size, lev, group, south) \tag{2-12}$$

由上文的分析中我们可以得到，企业的出口额、创新产品在国外和国内市场上的利润差、企业规模、企业的所有权结构、单位劳力成本和企业的区位决定了企业的技术创新行为。Basile(2001)认为企业的出口额、创新产品在国外市场与国内市场利润率的差额都与企业技术创新活动之间具有正向相关关系。上述模型从出口行为函数逆推出出口企业技术创新行为函数，值得借鉴，但模型中许多决定技术创新的内生变量未考虑进入，值得商榷。

---

① 此时的出口产量仍可能为 0。

三、企业技术创新函数模型设定 ●●●➡

技术创新的概念和方法模型最初是由格瑞里茨提出的（Griliches,1979）[①]。格瑞里茨根据生产函数的一般形式,将创新投入和产出用方程模型来表示,即:

$$R\&D_{output}=F(R\&D_{input})\qquad(2\text{-}13)$$

该函数将技术创新的产出（$R\&D_{output}$）看作是技术创新投入（$R\&D_{input}$）的函数,结合柯布—道格拉斯生产函数,可以将上述知识生产函数改写为:

$$R\&D_{output}=\alpha(R\&D_{input})^{\beta}\qquad(2\text{-}14)$$

其中 α 为常数, β 为技术创新产出相对于投入的弹性,若用 Y 表示因变量, X 表示自变量,则上述函数可以进一步表示为:

$$Y=\alpha X^{\beta}\varepsilon\qquad(2\text{-}15)$$

则 Y 表示技术创新的产出, X 表示各种影响技术创新产出的因素, ε 为随机误差项,由于影响技术创新产出的因素有多个,所以上式可以进一步表达为:

$$Y=\alpha\prod_{i=1}^{n}X_i^{\beta_i}\varepsilon\qquad(2\text{-}16)$$

对上式两边取对数可得:

[①] Griliches Z. Issues in Assessing the Contribution of R&D to Productivity Growth[J]. Bell Journal of Economics,1979,(10):92—116

$$\ln Y = \alpha + \sum_{i=1}^{n} (\beta_i \ln X_i) + \varepsilon \qquad (2\text{-}17)$$

其中 X_i 表示特定因素的影响,β_i 表示技术创新产出对于影响因素 X_i 的弹性,ε 表示误差项。

企业技术创新的主体是人,人才是技术创新过程中的重要因素,是发明和研制的主导力量,因此技术人员是企业技术创新的首要因素。在传统的工业经济时代,劳动力资源、物质资源、资本是经济发展的决定因素;而在知识经济时代,创新人才是社会发展、科技进步的最重要资源。人力资源是企业适应激烈竞争的增长能力,与企业内在技术技能密切相关。技术创新离不开人,企业的生存和发展靠的是创新,而创新依靠的是具有创新能力的科研人才,因此技术人才是企业技术创新的不竭源泉[1]。朱平芳、徐伟民(2003)运用 1994—2000 年上海市 32 个行业的有关企业数据,实证研究了影响大中型企业技术创新能力的因素,发现企业高中级技术员工的投入等因素,对企业的技术创新能力有积极的促进作用[2]。人力资源尤其是技术人才对企业的创新活动有着重要的影响,是企业产品创新和工艺创新的关键因素,技术人才投入对企业技术创新能力有显著的促进作用。

企业要进行技术创新,必须要有足够的研发资本投入,充足的研发资本是技术创新所必不可少的条件。企业进行技术创新、创新成果产业化以及深入研究开发,这都需要资本的支出和

---

① 解学梅.基于分类回归的企业技术创新影响因素测评[J].工业工程管理,2009,14(6):77—84

② 朱平芳、徐伟民.政府的科技激励政策对大中型工业企业 R&D 投入及其专利产出的影响——上海市的实证研究[J].经济研究,2003(6):45—54

大量财力的投入。缺乏充足的资本,企业在技术创新的后续研发和成果的市场转化过程中都会面临很大的困难。因此,研发资本投入是技术创新过程中的关键环节,研发资本投入对企业技术创新产出具有显著促进作用。大量学者的实证研究也证明了研发资金的投入数量对企业技术创新活动有明显的促进作用(Griliches,1979)①。陈功玉、闵晓平(2002)应用博弈论的知识建立了企业的 R&D 投资过程的一个动态博弈模型,研究结果表明了 R&D 的投入确实是影响企业技术创新产出的重要因素②。余秀江、胡冬生等(2010)对我国企业技术创新的影响因素进行了动态分析,在基于 SVAR 模型的实证研究中,发现在所有的影响企业技术创新产出因素中,R&D 对我国企业技术创新的贡献是最大的,并且是企业技术创新持续增长的重要保障③。

企业技术人员和研发资本投入对技术创新产出具有显著的促进作用,这一结论也得到了学者的进一步证实(李娟等,2010;王庆元等,2010;Czarnitzki,2011)④⑤⑥

---

① Griliches Z. Issues in Assessing the Contribution of R&D to Productivity Growth[J]. Bell Journal of Economics,1979,(10):92—116

② 陈功玉,闵晓平.研究与开发投入的博弈分析[J].数量经济技术经济研究,2002(5):107—110

③ 余秀江,胡冬生,何新闻,王宣喻.我国技术创新影响因素的动态分析—基于 SVAR 模型的实证研究[J].软科学,2010(8):11—16

④ 李娟,任利成,吴翠花.科研机构、高校、公司 R&D 支出与专利产出的关系研究[J].科技进步与对策,2010(10):103—108

⑤ 王庆元,张杰军,张赤东.我国创新型公司研发经费与发明专利申请量关系研究[J].科学学与科学技术管理,2010(11):5—12

⑥ Czarnitzki. D. Patent Protection, Market Uncertainty, and R&D Investment[J]. The Review Economics and Statistics. 2011,93(1):147—159

由此可得以下待检验假说：

H1：技术人员和研发资本投入对企业的技术创新存在积极效应。

基于资源理论认为，企业是各种资源的集合，组织的资源对企业的技术创新行为有着重要的作用。企业的任何活动都要消耗资源，如果技术创新活动不能获得足够的资源，那么其成功实施就会受到致命的影响。企业技术创新需要高额投入，而且具有高度的不确定性，这就需要企业有足够的冗余资源支撑。Henderson 和 Clark(1990)认为，资源并不会总是顺畅地流向创新，特别是在企业的主导力量支持正常业务活动的地方更是如此[①]。创新活动除了可以通过企业正式研发资本和人力资本获取必要的资源之外，同时还可以通过企业的非正式安排来获取有关资源。企业内部通常不同程度地存在着各种类型的冗余资源，这些冗余资源会激发行为主体利用这些冗余资源开展一些创新活动。Cyert 和 March(1963)指出，冗余资源的重要作用在于它支持人们使用冗余资源试验一些新的战略和创新项目，促进风险项目的开发[②]。在实证方面，方润生、李雄诒(2005)运用了对 607 家企业进行问卷调查所获取的数据进行检验分析，发现冗余资源的存在与产品创新和过程创新之间都存在着显著的正相关关系[③]。孙爱英、孙中锋(2008)则对企业的冗余资源

[①] Henderson, R. M. , Clark, K. B. Architectural Innovation: The Reconfiguration of Existing Product Technologies and the Failure to Establish Firms[J]. Administrative Science Quarterly,1990,29(1):26—42

[②] Cyert R,March,J. A Behavioral Theory of the Firm[M]. Englewood Cliffs. NJ:Prentice-Hall,1963

[③] 方润生,李雄诒. 组织冗余的利用对中国企业创新产出的影响[J]. 管理工程学报,2005(3):15—20

进行了更加细致的分类研究,结果发现不同的冗余资源类型对企业的创新有不同的作用,其中一般性的冗余资源有利于企业开展突变创新,而企业专用冗余资源则可以推动企业不断地进行渐进创新活动①。

由此可得到以下待检验假说:

H2:企业冗余资源对企业的技术创新存在正向效应。

企业技术装备水平是企业技术水平的物质基础,也是企业长期对研究与开发投入的结果。因此,企业技术装备先进程度是衡量企业是否重视技术领先的一种尺度。企业技术装备是企业为了生存而具有的技术生产手段,它对企业的生产活动具有决定性影响。企业提高技术装备水平,要么是自主改进或开发技术装备,要么是通过购买新技术装备,两者都是技术创新的表现。通过技术改造,不但可以提高企业的技术装备水平,还可以提高产品质量,提高生产率,扩大原有生产规模,降低消耗或改良生产条件等。但是引进的先进技术在落后的生产设备上是生产不出高质量的产品来的,技术装备落后的企业其技术创新能力也会受到极大制约。因此,重视生产装备更新和现代化应是企业重视技术创新的重要内容(王芳,2000)②。

但理论界对于企业技术装备水平对技术创新的影响存在争论:可能是互补性的也可能是竞争性的。Smolny(2003)认为实施创新的概率依赖于投资总量,而投资总量也依赖于创新的实施,二者关系是互补性的。创新活动与企业技术装备水平都需

---

① 孙爱英,孙中锋.资源冗余对企业技术创新选择的影响研究.科学学与科学技术管理[J].2008(5):60—64

② 王芳.提高企业技术创新能力的途径[J].吉林财税,2000(7):50—51

要消耗资源,可能存在一定的竞争性,即此消彼长的关系[①]。
Oerlemans 和 Meeus(2005)认为当企业发现机会时,他们使用
资源来开发新的产品或工艺,因此会消耗本可以用来支持企业
技术装备水平的资金[②]。Skuras et al.(2008)研究发现创新活
动与企业技术装备水平是竞争性过程,即产品创新的存在减小
了企业增加技术装备水平投资的概率[③]。

根据上述分析可提出以下待检验假说:

H3:企业的技术装备水平与技术创新存在不确定关系,如
果企业存在冗余资源,则固定资产规模与技术创新是互补关系。

技术创新作为企业的重大战略行动,与公司的创新管理投
入有直接关系,而决定创新管理投入的最根本因素是股权结构。
不同的股东由于其监督动力和监督能力的差异,对企业的技术
创新也有不同影响。国有股东由于经营目标多元化、产权主体
虚置、多层委托代理关系的存在,加之技术创新的专业性、复杂
性以及非程序性特征,导致国有股东及其代理人的监督动力和
监督能力不足,易形成严重的内部人控制现象(冯根福、温军,

---

① Smolny,W. Determinants of Innovation Behaviour and Investment
Estimates for West-German manufacturing firms[J]. Economics of Innova-
tion and New Technology,2003,12(5):449—463

② Oerlemans,L. ,Meeus,M. Do organizational and spatial proximity
impact on firm performance[J]. Regional Studies,2005,39(1):89—104.

③ Skuras,D. ,Tsegenidi,K. ,Tsekouras,K. Product Innovation and
the Decision to Invest in Fixed Capital Assets:Evidence from an SME Sur-
vey in Six European Union Member States[J]. Research Policy,2008,37
(10):1778—1789.

2008)[①]。陈晓和江东(2000)的实证研究表明,企业的国有股权比例对公司的业绩有负面的影响,并且影响较大[②]。周方召、刘威和张英(2004)对2002年深沪商业类板块上市的18家上市公司样本进行实证分析研究,结果表明国有股权比例相对较高的公司收益一般比较差,因此应该进一步加大力度减持企业的国有股权比例[③]。

另外,股权过分集中,监督力量会不足,也易形成严重的内部人控制现象。给定经营者的风险规避和理性人假定,内部人控制会带来企业经营目标的短期化,不利于企业的技术创新(于骥,2008)[④]。冯根福、温军(2008)的研究表明了企业股权过分集中,会对企业的绩效和技术创新活动产生不利的影响[①]。鲍旭红、龚本刚(2011)对上市银行内部的公司治理情况进行了研究,结果表明,企业前三大股东持股比例越大,企业的X—效率就越低,即企业前几大股东共同管理来促进公司发展的局面是很难形成的,此时企业内部的控制权争夺成为常态,并最终导致企业X—效率的恶化[⑤]。企业股权集中度越高,企业的内部人控制现象就越严重,从而会导致企业的竞争意识薄弱,进而导致

---

① 冯根福、温军.中国上市公司治理与企业技术创新关系的实证分析[J].中国工业经济,2008(7):91—101

② 陈晓,江东.股权多元化、公司业绩与行业竞争性[J].经济研究,2000(8):28—35

③ 周方召,刘威,张英.商业零售业上市公司股权结构与绩效分析及相关启示[J].哈尔滨商业大学学报(社会科学版),2004(2):42—44

④ 于骥.治理结构与企业技术创新的耦合性研究[J].求是学刊,2008,35(3):62—66

⑤ 鲍旭红,龚本刚.上市银行内部治理结构对X—效率影响的实证研究[J].统计与决策,2011(11):143—145

企业的技术创新能力低下,不利于企业开展技术创新活动。

根据上述分析可提出以下待检验假说:

H4:国有股权比例、股权集中度与企业技术创新存在负向关系。

关于市场势力与技术创新之间关系的理论研究,最早由熊彼特(1942)提出的创新理论认为,一定程度的市场势力为企业技术创新创造了条件,给企业带来了创新动力,因而会促进技术创新。随后阿罗(1962)和 Scherer(1967)则从竞争会带来更大的创新动力以及垄断导致组织惰性的角度,提出相较于垄断,竞争性市场更有利于创新的结论。以 Winter(1984)为代表的学者认为,当市场环境比较规制化以及进入行业困难时,有着较高市场势力的企业能够取得较好创新绩效。而当面临鼓励企业家精神的市场环境以及行业进入相对容易时,市场势力较低的企业反而能取得好的创新绩效[①]。Martin 和 Lunn(1986)认为市场占有率高或拥有独占力的厂商,其市场支配能力较强,有助于提高技术创新获利的可能性[②]。但是 Hansen 和 Hill(1991)也指出,当厂商拥有较高的市场占有率时,其相对竞争压力较小,以致厂商着眼于现有市场地位的维持,反而较不重视研发活动[③]。Aghion et al.(2005)研究发现市场势力对企业创新绩效

---

①　Winter G. Schumpeterian competition in alternative technological regimes[J]. Journal of Economic Behavior & Organization,1984,5(3/4):287—320

②　Martin,S. ,& Lunn,J. Market,Firm,and Research and Development[J]. Review of Economics and Business,1986,26(1),31—44

③　Hansen,G. S. ,& Hill,C. W. L. Are institutional investors myopic? A time-series study of four technology-driven industries[J]. Strategy Management Journal,1991,12(1):1—16

有重要影响,且呈倒 U 形关系[1]。然而,李景睿(2011)在研究行业特征与技术创新关系时发现,行业集中度越低即竞争程度越高时,越有利于企业的技术创新,企业的专利申请量越多[2]。杨建君、刘华芳、聂菁(2011)基于中国电信产业的行业数据,实证研究发现一定程度的市场势力对企业自主创新具有正向影响,技术市场发展和知识产权保护等环境因素能够正向调节市场势力与企业自主创新的关系[3]。

根据上述分析可提出以下命题:

H5:市场势力对企业技术创新具有影响,但影响方向具有不确定性。

根据上述分析,本书将公式 2-17 中的 X_i 因素确定为:研发资本、研发人力投入、企业冗余资源、企业技术装备水平、股权结构和市场势力。

四、出口企业技术创新的特殊性分析 ●●●➡

借鉴企业异质性贸易理论和 Bertschek(1995)模型的分析

① Aghion P,Nicholas B,Richard B. Competition and innovation:An inverted U relationship[J]. Quarterly Journal of Economics,2005,20(2):701—728

② 李景睿.人力资本对珠三角经济增长贡献的动态演变分析[J].广东商学院学报,2011(4):43—49

③ 杨建君,刘华芳,聂菁.市场势力对企业自主创新绩效的影响研究——来自中国电信产业的经验证据[J].科学学与科学技术管理,2011(9):65—72

架构[1],本书建立了一个两国模型,假设两国(本国与国外)的市场结构皆为垄断竞争市场,且尚未达到均衡的状态,新厂商可以自由进入本国或外国的市场,且假设各厂商都生产具有替代性但非完全替代的商品,它们能够制定不同的价格。

本国厂商 i 的产品在国内的价格为 P_i^d,它受到国内市场的供给和厂商产品品质的影响。其中国内市场的供给量可分为厂商 i 生产的产量 q_i^d 与本国市场上其他厂商生产的产量 Q_{-i}^d,厂商的产品品质以厂商的技术创新 I_i 来衡量,因此本国厂商 i 的产品的国内价格可以表示为:

$$P_i^d = P_i^d(q_i^d, Q_{-i}^d, I_i) \tag{2-18}$$

国内市场供给量的增加会使厂商 i 国内产品的价格降低,而技术创新带来的产品品质的提升则会提高厂商 i 产品的价格。同理,厂商 i 的产品在国外市场上的价格可以表示为:

$$P_i^f = P_i^f(q_i^f, Q_{-i}^f, I_i) \tag{2-19}$$

它受到国外市场上产品的供给量和产品品质的影响。其中外国市场上的供给量是由本国厂商 i 的出口量 q_i^f 和外国市场上除 i 以外的厂商提供,则国外市场的供给量增加会使厂商 i 在国外市场上的价格降低,而产品品质的提升则使价格提高。

本国厂商 i 的边际成本 C_i 受到加权资金成本 r_i、劳动者价格 w_i 和技术创新的影响,用公式表示为:

$$C_i = C_i(r_i, w_i, I_i) \tag{2-20}$$

---

① Bertschek I. Product and Process Innovation as a Response to Increasing Imports and Foreign Direct Investment[J]. Journal of Industrial Economics,Vol. 43,No. 4,Dec. 1995,pp. 341—357

本国厂商 i 的固定成本为 FC，在价格函数和成本函数的基础上，可以写出厂商 i 的利润函数：

$$\pi = P_i^d(q_i^d, Q_{-i}^d, I_i)q_i^d + P_i^f(q_i^f, Q_{-i}^f, I_i)q_i^f -$$
$$C_i(q_i, w_i, I_i)(q_i^d + q_i^f) - FC \tag{2-21}$$

理性的厂商 i 在利润最大化的条件下决定产出水平，因此对利润函数全微分可以得到：

$$d\pi = \left(\frac{\partial P_i^d}{\partial q_i^d} + \frac{\partial P_i^d}{\partial Q_i^d}dQ_i^d + \frac{\partial P_i^d}{\partial I_i}dI_i\right)q_i^d + P_i^d dq_i^d +$$
$$\left[\frac{\partial P_i^f}{\partial q_i^f}dq_i^f + \frac{\partial P_i^f}{\partial Q_i^f}dQ^f + \frac{\partial P_i^f}{\partial I_i}dI_i\right]q_i^f + P_i^f dq_i^f -$$
$$\left(\frac{\partial C_i}{\partial r_i}dr_i + \frac{\partial C_i}{\partial w_i}dw_i + \frac{\partial C_i}{\partial I_i}dI_i\right)(q_i^d + q_i^f) - C_i(dq_i^d + dq_i^f) - dFC$$
$$= 0 \tag{2-22}$$

我们合理地假设，厂商进行技术创新活动的目的是为了获得更高的利润，只有在技术创新带来的收益大于因技术创新增加的成本时，厂商才会从事技术创新活动，用数学式子可以表示为：

$$\frac{\partial P_i^d}{\partial I_i} - \frac{\partial C_i}{\partial I_i} > 0 \qquad \frac{\partial P_i^f}{\partial I_i} - \frac{\partial C_i}{\partial I_i} > 0 \tag{2-23}$$

在此基础上我们可以推导出出口对技术创新的影响：

$$\frac{dI_i}{dq_i^f} = -\frac{\frac{\partial P_i^f}{\partial q_i^f}q^f + P_i^f - C_i}{\frac{\partial P_i^d}{\partial I_i}q_i^d + \frac{\partial P_i^f}{\partial I_i}q_i^f - \frac{\partial C_i}{\partial I_i}(q_i^d + q_i^f)} \tag{2-24}$$

根据公式(2-23)，式(2-24)的分母大于 0，企业出口量对技术创新的影响依 $\frac{\partial P_i^f}{\partial q_i^f}q_i^f + P_i^f - C_i$ 符号而定，当 $\frac{\partial P_i^f}{\partial q_i^f}q_i^f + P_i^f - C_i$

>0 时,企业出口量对技术创新的影响为负;当 $\frac{\partial P_i^f}{\partial q_i^f}q_i^f + P_i^f - C_i$ <0 时,企业出口量对企业的技术创新影响为正。虽然 q_i^f 的变化对 P_i^f 影响较小,但 q_i^f 的值较大,一般来说,$\frac{\partial P_i^f}{\partial q_i^f}q_i^f$ 的绝对值会大于边际利润 $P_i^f - C_i$,因此一般情况下企业的技术创新与企业出口量关系为正,但也不能排除 $\frac{\partial P_i^f}{\partial q_i^f}q_i^f$ 的绝对值会小于边际利润 $P_i^f - C_i$。基于上述分析,对于出口企业,本书又追加了一个"出口额"的因素,提出第六个命题:

H6:企业出口额与出口企业技术创新的关系是不确定的。

第三章
出口企业技术创新
行业特征研究

现有文献对于出口企业技术创新的研究尚显薄弱。由于数据可获得性限制,尚缺乏有关描述出口企业技术创新行业特征的基础性数据。鉴于此,本部分在介绍样本选取与数据来源后,主要是运用多元统计方法研究中国出口企业全样本和分行业技术创新的现状和特点,阐述目前中国出口企业技术创新的行业特征。

一、样本选取与数据来源

本研究力图通过规范的资料收集、整理与多元统计分析,客观和多维地概括和阐述中国出口企业技术创新的行业现状和特征。

根据联合国贸易数据库中中国各行业出口数据状况,选取2005—2011年出口比例前九大行业出口企业作为初选研究样本。结合中国证监会的行业分类标准,最后确定的具体行业是:纺织、服装和皮毛行业(C1),石油、化学和塑胶、塑料制造业(C4),电子元器件制造业(C5),金属和非金属业制造业(C6),机械、设备、仪表业(C7),医药、生物制品行业(C8),采掘业(B0),

建筑业(E0)以及通信和信息技术业(G8)。考虑到数据的可得性和样本的代表性,选取这些行业的上市出口企业作为研究对象。

以出口比重作为指标,选取了这九个行业出口额占企业主营业务收入比重5%以上并且连续7年保持这一比例以上,或至少有一年占10%以上的沪深股市的上市企业作为研究对象,以2005—2011年为研究的时间区间。

对样本企业按照以下标准进一步进行了筛选:(1)剔除存在停牌、终止上市的企业,因为若将其纳入研究的样本中,将影响实证研究结论的可靠性;(2)剔除数据不全的企业,即在2005—2011年数据中,有超过一年数据缺失的企业,对于少量数据缺失的企业,本书采用取平均值的方法对缺失数据部分进行补充修正;(3)如果将财务指标明显异常的上市企业放入出口企业样本中,将会对结果的可信度产生影响,因此也将指标明显异常的出口企业剔除出去。

经过筛选,确定了本书研究的样本(见表3-1),用于研究的出口企业样本总量为473家,7年共3 311个观察值。从表3-1可以看到,出口企业中,样本数从多到少依次为:机械、设备、仪表业(C7),石油、化学和塑胶、塑料业(C4),金属和非金属业制造业(C6),电子元器件制造业(C5),纺织、服装和皮毛行业(C1),通信、信息技术业(G8),医药、生物制品行业(C8),采掘业(B0)和建筑业(E0)。机械、设备、仪表业的出口企业数量最多为128家,占到了样本总量的25.76%,建筑业的样本量仅有11家,只占总量的3.16%左右,说明不同行业上市公司中出口企业数量存在较大差异。

表 3-1　样本企业的行业分布情况

行　　　业	出口企业(家)	占样本总量比
纺织、服装和皮毛行业(C1)	42	6.69％
石油、化学和塑胶、塑料业(C4)	80	16.92％
电子元器件制造业(C5)	57	8.59％
金属和非金属业制造业(C6)	71	13.38％
机械、设备、仪表业(C7)	128	25.76％
医药、生物制品行业(C8)	32	10.61％
采掘业(B0)	16	4.80％
建筑业(E0)	11	3.16％
通信、信息技术业(G8)	36	10.10％
合计	473	100.00％

数据来源:作者根据 Wind 数据库数据整理

从全样本和各分行业出口企业出口额均值看(见图 3-1)，除采掘业(B0)2011 年出口额均值比 2005 年下降外，其余样本2011 年出口额均值都比 2005 年有所增长。特别是通信、信息技术业(G8)，机械、设备、仪表业(C7)，石油、化学和塑胶、塑料业(C4)及医药、生物制品行业(C8)出口额均值 2005—2011 年年均增长分别达到了 32.11％、21.43％、19.66％和15.49％。说明不同行业近六年来的出口情况存在较大的差异，总体上呈较快增长。

本研究数据主要来源于中国国家知识产权局网站、国泰安数据库、Wind 数据库以及所选样本企业网站和年报。

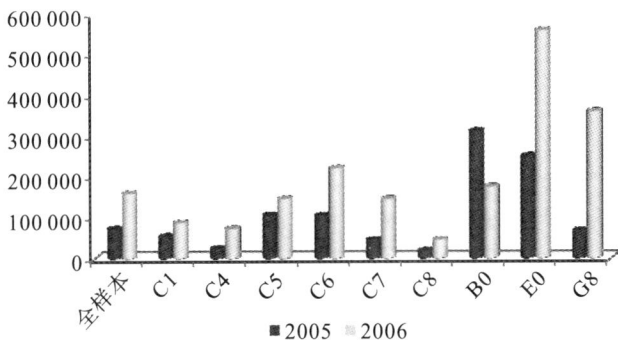

图 3-1 出口企业出口额均值图

数据来源:作者根据 Wind 数据库数据整理

二、出口企业技术创新产出的 行业特征 ●●➡

上市出口企业样本能够表明我国出口企业技术创新的状况,但现有文献对于上市出口企业技术创新现状的研究尚不足。由于数据可获得性限制,尚缺乏上市出口企业技术创新行业特征的基础性数据。鉴于此,本部分主要是运用多元统计方法以上市出口企业作为样本研究中国出口企业技术创新产出的行业特征。

技术创新产出一般用专利数量、创新数量或新产品销售收入衡量,但创新数量或新产品销售收入在公司年报中是非法定公布指标,只有少数企业公布。各企业的专利数量可在中国国家知识产权局网站查询到,考虑到数据的可得性,本书采用各样本企业各年度累计申请的有效专利数量来衡量技术创新产出。

本研究组在中国国家知识产权局网站查阅了各样本企业在中国申请的在法定保护期限内的有效专利数量。专利权的法律保护具有时间性,中国的发明专利权期限为 20 年,实用新型专利权和外观设计专利权期限为 10 年,均自申请日起计算,故本研究有效专利数据中的发明专利为截止到统计年度 20 年的数据,实用新型专利权和外观设计专利权截止到统计年度 10 年的数据。由于申请到审批完成需要时间,数据有一定的时滞,本书专利数据查阅时间截止到 2012 年 5 月 31 日。

(一)各行业出口企业技术创新产出的
企业分布

通过中国国家知识产权局网站获得了出口企业样本截至 2011 年末(查阅时间截止到 2012 年 5 月 31 日)在中国国内累计申请的有效专利数量的企业分布,结果如图 3-2 所示。

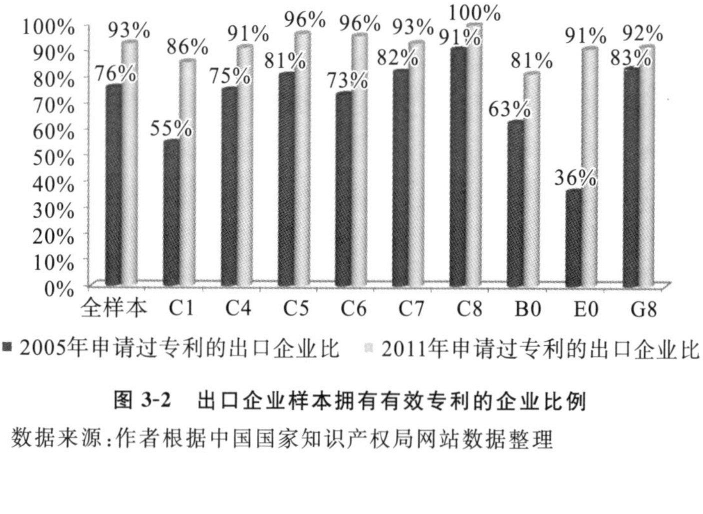

■ 2005年申请过专利的出口企业比   ■ 2011年申请过专利的出口企业比

图 3-2   出口企业样本拥有有效专利的企业比例

数据来源:作者根据中国国家知识产权局网站数据整理

从图 3-2 所示情况来看,就全样本而言,截至 2011 年末 473
家出口企业样本中共有 440 家出口企业拥有有效专利,占到样
本总量的 93%;截至 2005 年末共有 359 家出口企业拥有有效
专利,占到样本总量的 76%。2011 年拥有有效专利的出口企业
样本比例与 2005 年的相比,提高了 17 个百分点,说明 2011 年
比 2005 年有更多的出口企业样本拥有有效专利。

从行业分布来看,2011 年末除纺织、服装和皮毛业(C1)和
采掘业(B0)拥有有效专利的出口企业占该行业所有企业的比
例分别为 86% 和 81% 外,其他各行业这一比重都超过了 90%。
与 2005 年末相比,2011 年末各行业拥有有效专利的出口企业
比例都大幅度地提高。

这说明中国出口企业已基本具备了技术创新的意识,中国
出口企业进行技术创新的动力和能力都有所加强。

(二)各行业出口企业技术
　　创新产出的集中度

本研究将出口企业累计申请专利的数量划分为 4 个区间:
累计申请有效专利件数小于 10、累计申请有效专利件数 10~
50、累计申请有效专利件数 50~100 和累计申请有效专利件数
大于或等于 100。图 3-3 和图 3-4 反映了 2005 年和 2011 年全
样本和分行业样本企业累计申请有效专利量各区间分布的企业
比例。

从图 3-3 中我们可以看到,2005 年累计申请有效专利件
数小于 10 的企业在全样本和各行业中占有比例是最大的,都
在 40% 以上;累计申请有效专利件数 10~50 的企业在行业中
所占的比例,除了采掘业(B0)占比 6.25% 以外,全样本和其

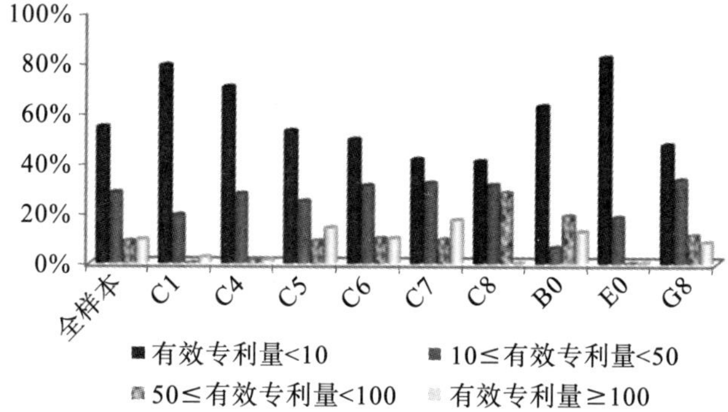

图 3-3　2005 年出口企业累计申请有效专利量各区间分布的企业比例
数据来源：作者根据中国国家知识产权局网站数据整理

他行业占有比例都在 18％以上；累计申请有效专利件数 100
件及以上的企业在各行业中的比重显示出了较大的差异，较
高的机械、设备、仪表业（C7）达到 17.19％，而医药、生物制品
行业（C8）和建筑业（E0）为 0，各行业分布不均。从区间整体
分布看，2005 年出口企业拥有的有效专利数目主要集中在 50
件以下。

　　从图 3-4 中我们可以看到，2011 年电子元器件制造业
（C5），金属和非金属业制造业（C6）和机械、设备、仪表业（C7）中
累计申请有效专利件数大于等于 100 的企业比例是最大的，分
别为 51％、35％和 45％，这些行业属于高技术行业和先进制造
业，出口企业重视专利的发展，拥有的专利也较多。只有纺织、
服装和皮毛行业（C1）和建筑业（E0）的累计申请有效专利件数
小于 10 的企业比例是最大的，分别为 40％和 45％，这两个行业
中累计申请有效专利件数大于等于 100 的企业比例较低，建筑
业（E0）行业比例仅为 9％，说明累计申请有效专利分布仍然存

在行业差异。

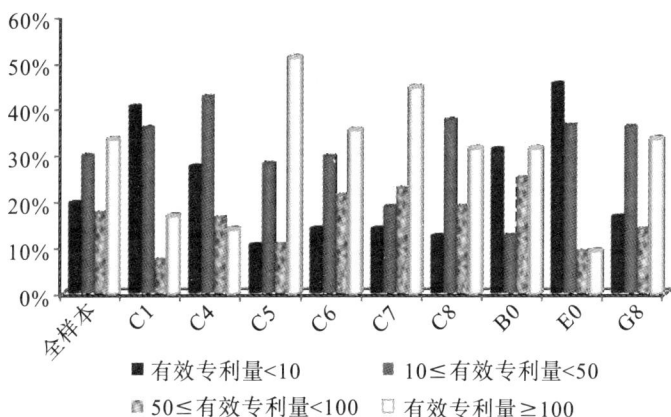

图 3-4　2011 年出口企业累计申请有效专利量的区间分布
数据来源：作者根据中国国家知识产权局网站数据整理

　　2011 年全样本企业累计申请有效专利量的区间分布（见图3-4）与 2005 年（见图 3-3）相比，出口企业总体上累计申请有效专利件数小于 10 的企业比例下降，累计申请有效专利件数大于或等于 50 的企业比例上升；全样本累计申请有效专利件数小于10 的企业比例下降了 34 个百分点，累计申请有效专利件数大于或等于 50 的企业比例上升了 32 个百分点；各行业企业累计申请有效专利量的区间分布（见图 3-4）与 2005 年（见图 3-3）相比，累计申请有效专利件数小于 10 的企业比例均下降，累计申请有效专利件数大于或等于 100 的企业比例均上升，这说明出口企业越来越重视专利发展，全样本和分行业出口企业专利分布整体水平提高。

　　为了深入分析出口企业技术创新的集中度，本研究计算了各行业前一个最大的企业和前四个最大企业的累计申请有效专利占有率(见图 3-5 和图 3-6)。

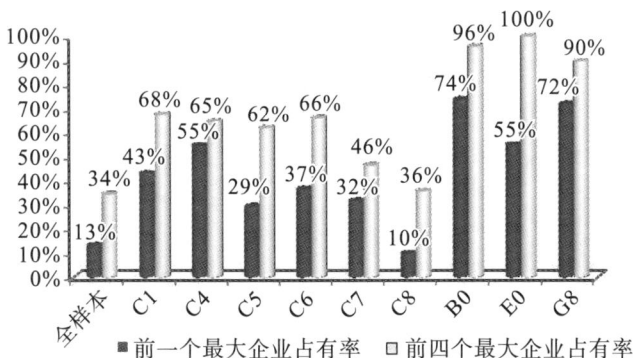

图 3-5　2005 年出口企业累计申请有效专利量集中度

数据来源:作者根据中国国家知识产权局网站数据整理

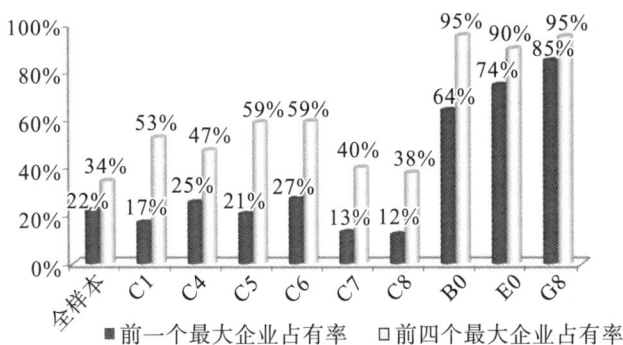

图 3-6　2011 年出口企业累计申请有效专利量集中度

数据来源:作者根据中国国家知识产权局网站数据整理

从出口企业全样本来看,2005 年前一个最大的企业累计申请有效专利为 3 675 件,占全部申请量的比率为 13%,前四个最大的企业累计申请有效专利为 9 607 件,占比为 34%,专利集中度较高。分行业看,除医药、生物制品行业(C8)前一个最大的企业申请有效专利占比低于全样本平均值外,其他行业的前一个最大的企业申请有效专利占比和前四个最大的企业申请有效专利占比都高于全样本平均值,集中度更高。分行业看,前一个最大的企业申请有效专利占比最高的是采掘业(B0),达到74%,最低的是医药、生物制品行业(C8),仅为 10%;前四个最大的企业申请有效专利占比最高的是建筑业(E0),高达 100%,最低的依然是医药、生物制品行业(C8),为 36%。

2011 年前一个最大的企业和前四个最大企业的累计申请有效专利占有率与 2005 年比较,除全样本,医药、生物制品行业(C8),建筑业(E0)以及通信和信息技术业(G8)提高外,其他行业占比都有大幅度下降,2011 年出口企业前四个最大的企业累计申请有效专利量占比除医药、生物制品行业(C8)与通信和信息技术业(G8)提高外,其余均有所下降。但从 2011 年绝对值看,出口企业前四个最大的企业申请有效专利占比仍较高,全样本和各行业占比均在 30%以上,采掘业(B0)与通信和信息技术业(G8)都高达 95%。说明出口企业技术创新垄断程度依然较高,但大部分行业还是出现了竞争的现象。

值得注意的是,不论是 2005 年还是 2011 年,采掘业(B0),建筑业(E0)和通信、信息技术业(G8)的专利集中度都是较高的,远远高于样本的平均值,这三个行业累计申请有效专利量最大的前一个企业分别为:中国石油、葛洲坝和中兴通讯,说明在这三个行业中,专利产量集中在较大的企业手中,分布严重不均。这说明,尽管出口企业越来越重视自主知识产权,但专利发展仍然很不平衡,专利申请量高度集中于少数出口企业中,企业技术水平参差不齐的现象极为严重,这可能会阻碍中国出口企业技术创新的步伐。同时,发展较成熟的行业如纺织、服装和皮毛行业,电子元器件制造业等,可能存在较强的技术外溢效应和模仿创新效应,技术创新的垄断性较弱,而采掘业、建筑业和通信、信息技术业由于产品的垄断性,技术创新能力基本集中于少数大型企业手中,中小企业技术创新发展会受到遏制。

(三)各行业出口企业技术创新产出的结构

目前我国把专利分为发明专利、实用新型专利和外观设计专利三种。其中发明专利是指发明人对产品、方法或其改进提出新的技术方案,同时将这种技术方案向专利局提出申请,并且通过一系列严格的审查,特别是新颖性、创造性和实用性的审查而获得的专利权。因为审查严格,发明专利所要求的技术水平更高,通常情况下将发明专利看作衡量企业技术创新能力的重要指标。而实用新型专利多指对产品的形状、构造或者其结合所提出的适于实用的新的技术方案,它对技术创造性的要求不强;外观设计专利指对产品的图案、色彩或者其结合所做出的富有美感并适于工业上应用的新设计,技术含量低于实用新型专利。为了更全面地了解中国出口企业技术创新的情况,有必要清楚地了解这三种类型专利的累计申请量,本研究对各样本企业累计申请的发明专利、实用新型专利和外观设计专利分别进行了统计。

从图 3-7 和图 3-8 可以看出,我国各行业出口企业的专利结构分布也是极其不均的。

2005 年在全样本中,发明专利 9 310 件,占总量的 33%;实用新型专利 10 351 件,占总体的 37%;外观设计专利 8 269 件,占到总体的 30%。2011 年全样本中,发明专利 61 738 件,占总

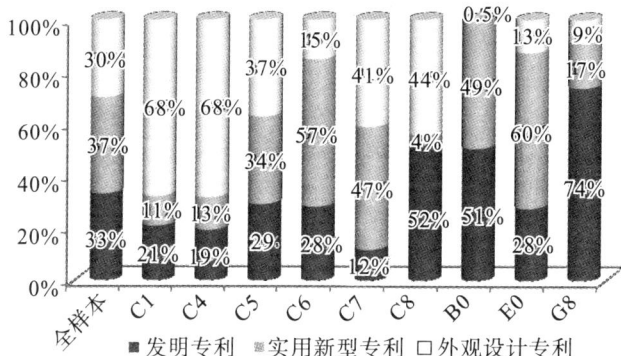

图 3-7　2005 年出口企业累计申请有效专利量结构图
数据来源:作者根据中国国家知识产权局网站数据整理

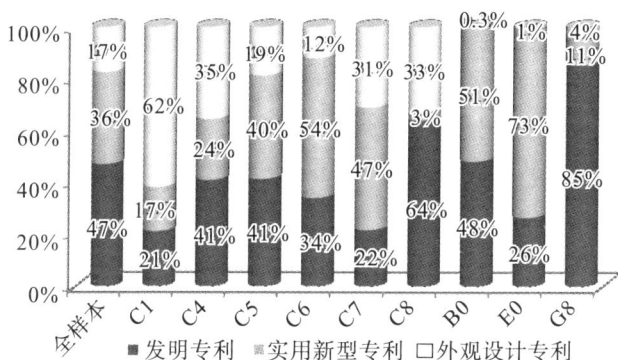

图 3-8　2011 年出口企业累计申请有效专利量结构图
数据来源:作者根据中国国家知识产权局网站数据整理

量的 47%;实用新型专利 46 615 件,占总体的 36%;外观设计
专利 22 683 件,占到总体的 17%。就全样本而言,2011 年三种
专利的结构与 2005 年相比,技术含量最高的发明专利占比提高

了 14 个百分点,且 2011 年发明专利在三种专利中占比最高,说明出口企业积极从事产品的技术创新和开发新产品等技术含量高的技术创新活动;2011 年与 2005 年相比较,出口企业各类专利都大幅增加,2005—2011 年发明专利、实用新型专利和外观设计专利年增长率分别为 37%、28% 和 18%,说明样本出口企业越来越重视技术创新,技术水平不断提高。

分行业看,三种类型专利结构存在较大差别。医药、生物制品行业(C8),采掘业(B0)和通信、信息技术行业(G8)发明专利比重大,尤其是通信、信息技术业,2005 年和 2011 年数值分别高达 74% 和 85%,说明这 3 个行业的出口企业在国际市场上面临的技术层面的竞争更激烈,为了在国际竞争中取得优势,不断提高技术创新质量。而其他行业的发明专利比率都低于全样本平均水平,其中纺织、服装和皮毛行业(C1)外观设计专利占比最高,2005 年和 2011 年分别达到了 68% 和 62%,说明这一传统行业更多的是依靠产品的外部形状、包装和构造的多样化来实现产品的差异化战略占据国际市场优势,风险性大,企业如果不在技术创新方面加大创新力度,发展将会受到很大阻碍。

从各类型专利均值看(见图 3-9 和图 3-10),2005 年出口企业全样本发明专利均值为 20 件、实用新型专利均值为 22 件、外观设计专利均值为 17 件;2011 年出口企业全样本发明专利均值为 131 件、实用新型专利均值为 99 件、外观设计专利均值为 48 件,年均增长分别为 37.07%、28.51% 和 18.32%,各类专利都得到了较快发展,发明专利增长最快。

从分行业各类型专利均值看,各类型专利均值最大的行业在 2005 年和 2011 年都没有发生变化,通信和信息技术业(G8)发明专利均值最大,2005 年达到了 105 件,2011 年更是增加到了 818 件;采掘业(B0)实用新型专利均值最大,2005 年为 64

图 3-9　2005 年出口企业各类型累计申请有效专利量均值图

数据来源:作者根据中国国家知识产权局网站数据整理

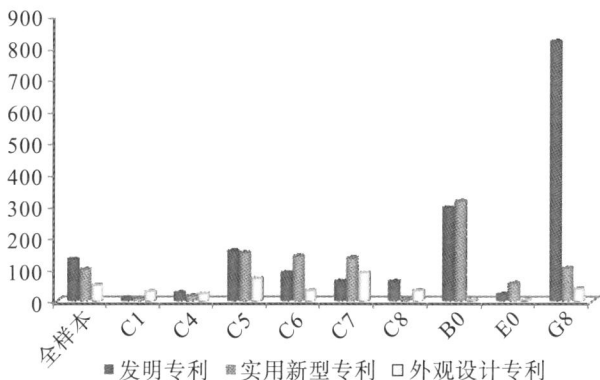

图3-10　2011 年出口企业各类型累计申请有效专利量均值图

数据来源:作者根据中国国家知识产权局网站数据整理

件,2011 年达到了 314 件;机械、设备、仪表业(C7)外观设计专
利均值最大,2005 年为 29 件,2011 年达到了 87 件。这说明从

平均水平看,各行业各类型专利存在差异,且这种差异具有相对稳定性。

2005年出口企业全样本前四个最大企业申请的有效发明专利为4 901件,占总发明专利的53%,实用新型专利为3 450件,占实用新型专利总体的33%,外观设计专利为3 234件,占外观设计专利总体的39%,说明各类型专利的集中度都较高,但也存在较大差异,发明专利的集中度最高,达到了53%。分行业看,2005年出口企业前四个最大企业申请的有效发明专利数通信、信息技术行业(G8)最多,达到了3 656件;实用新型专利金属和非金属业制造业(C6)最多,为1 807件;外观设计专利机械、设备、仪表业(C7)最多,为2 039件。从2005年分行业出口企业前四个最大企业申请各项有效专利占比看,建筑业(E0)各项专利前四大企业占比都达到了100%,如图3-11。

2011年出口企业全样本前四个最大的企业申请的发明专利为33 426件,占总发明专利的54%,比2005年增加28 525件,占比增加了1个百分点;实用新型专利为10 506件,占总实用新型专利数的23%,比2005年增加7 056件,占比降低了10个百分点;外观设计专利为6 527件,占总外观设计专利数的29%,比2005年增加3 293件,占比降低了10个百分点。2011年发明专利的集中度最高,达到了54%,与2005年相比,还出现了提高的趋势,说明发明专利主要集中在少数出口企业中,而技术含量较低的实用新型专利和外观设计专利由于创新相对较容易,垄断和集中的现象相对弱些并出现了收敛的趋势,但也存在垄断。

从分行业前四个最大企业申请的各项有效专利数看,除E0外观设计专利数降低外,其他行业的各类有效专利数均增加。分行业中,2011年出口企业前四个最大企业申请的有效发明专利数通信、信息技术行业（G8）最多，达到了 28 680 件，比 2005 年增加了 25 024 件；实用新型专利金属和非金属业制造业（C6）最多，为 6 776 件，比 2005 年增加了 4 969 件；外观设计专利机械、设备、仪表业（C7）最多，为 6 200 件，比 2005 年增加了 4 161 件；上述 2011 年拥有各项有效专利最多的行业，也是各项专利比 2005 年增加数最多的行业。

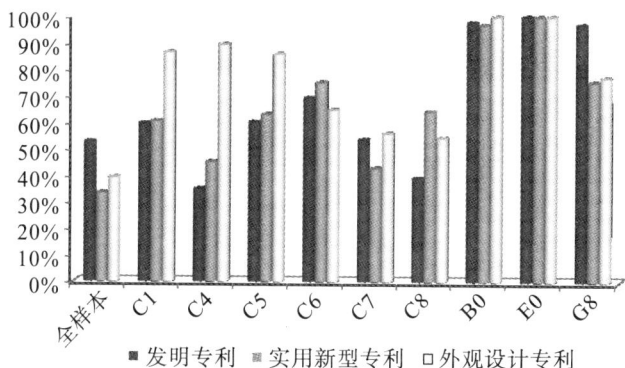

图 3-11 2005 年前四大出口企业各类累计申请有效专利量占比图
数据来源：作者根据中国国家知识产权局网站数据整理

从分行业前四个最大企业申请的各项有效专利数占比看，各类型专利占比都大于 30％，说明各行业各类型专利都存在一定程度的垄断。如图 3-12，2011 年发明专利数通信、信息技术行业（G8）占比最高，达到了 97％，实用新型专利采掘业（B0）占比最高，达到 96％，外观设计专利建筑业（E0）占比最高，达到 100％。与 2005 年相比，石油、化学和塑胶、塑料业（C4），电子元器件制造业（C5），医药、生物制品行业（C8）和通信、信息技术业（G8）前四个最大企业申请的有效发明专利数占比提高，而纺织、服装和皮毛行业（C1），金属和非金属业制造业（C6），机械、设备、仪表业(C7),采掘业(B0)和建筑业(E0)的占比降低;前四个最大企业申请的有效实用新型专利数占比除通信、信息技术业(G8)提高外,其他行业都不同程度地有所降低;前四个最大企业申请的有效外观设计专利数占比除医药、生物制品行业(C8)和通信、信息技术业(G8)提高、建筑业(E0)占比不变外,其他行业都有所降低。这说明总体上前四个最大企业申请的有效专利中除技术含量较高的发明专利集中度提高外,实用新型专利和外观设计专利总体上集中度存在下降的趋势。值得注意的是技术密集型较高的通信、信息技术业(G8),各类专利的集中度都提高了,这可能与该行业企业创新的资金需求较大,进入退出成本较高,技术难以模仿,产品不完全竞争的特征有关。

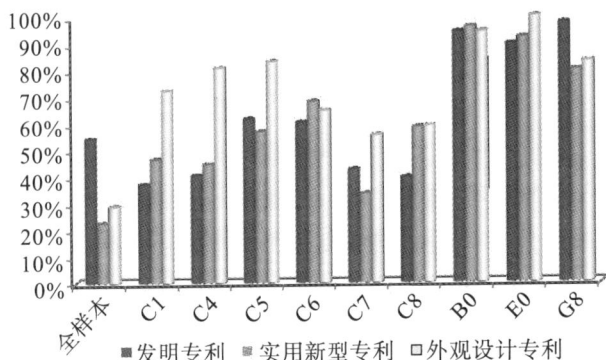

图 3-12　2011 年前四大出口企业各类累计申请有效专利量占比图
数据来源:作者根据中国国家知识产权局网站数据整理

三、出口企业技术创新投入的 行业特征 ●●➡

(一)研发资本投入的行业特征

　　充足的资本是企业技术创新必不可少的条件。影响企业技术创新产出的是研发资本存量,年报中未直接公布该数据。本书研发资本存量主要是从无形资产和开发支出中剥离,用 RD 表示,具体计算如下:

$$\begin{aligned}\text{研发资本} \atop \text{期初余额} = {\text{无形资产} \atop \text{期初余额}} - {\text{土地使用权} \atop \text{期初余额}} - {\text{商标权} \atop \text{期初余额}} - {\text{采矿权等} \atop \text{期初余额}} + \\ {\text{开发支出} \atop \text{期初余额}} \qquad (3\text{-}1)\end{aligned}$$

$$\begin{aligned}\text{研发资本} \atop \text{期末余额} = {\text{无形资产} \atop \text{期末余额}} - {\text{土地使用权} \atop \text{期末余额}} - {\text{商标权} \atop \text{期末余额}} - {\text{采矿权等} \atop \text{期末余额}} + \\ {\text{开发支出} \atop \text{期末余额}} + {\text{计入当年损益} \atop \text{的开发支出}} \qquad (3\text{-}2)\end{aligned}$$

$$\text{研发资本投入} = \frac{\text{研发资本期初余额} + \text{研发资本期末余额}}{2} \quad (3\text{-}3)$$

　　从出口企业研发资本投入均值看(见图 3-13),2011 年与2005 年相比,出口企业全样本和各行业研发资本投入都有很大幅度的增加。2005 年出口企业平均研发资本投入均值为14 000 000元,而到 2011 年出口企业平均研发资本投入均值为96 900 000 元,在七年的时间内平均研发资本投入均值增长了5.92倍,年平均增长率为 38.05%;分行业看,除纺织、服装和皮

毛行业(C1)年均增长率为 7.12%、电子元器件制造业(C5)年均
增长率为 21.53%外,其他行业年均增长率均在 30%以上,特别
是建筑业(E0),年均增长率达到了 101.91%。这说明出口企业
越来越重视研发资本的投入。

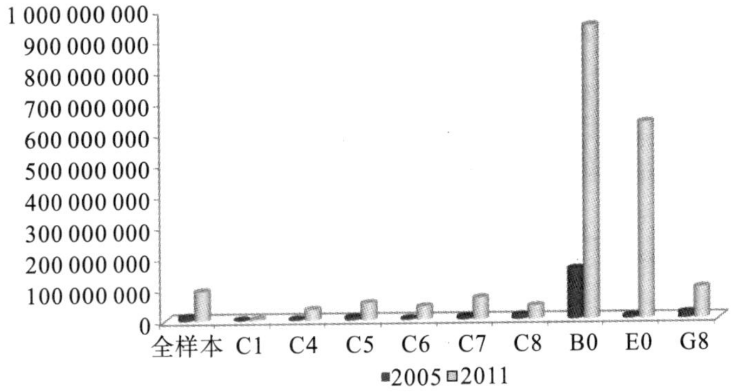

图 3-13　出口企业研发资本投入均值(单位:元)

数据来源:作者根据样本公司企业年报数据整理

　　从国家或地区看,研发投入强度是指国家或地区研发投入
总量与国内或地区生产总值之比,是国际上通用的反映一个国
家或地区科技投入水平的核心指标,高水平的研发投入强度被
认为是提高国家或地区自主创新能力的重要保障。从企业层次
看,研发投入强度是指企业研发投入总量与产品销售收入之比。
企业的研发投入强度可以反映企业在提高自主创新能力方面所
做的努力。

　　从研发强度上看(见图 3-14),2011 年与 2005 年相比,出口
企业平均研发强度除纺织、服装和皮毛行业(C1)研发强度下降
0.19 个百分点外,全样本和其他行业研发强度都有提高,建筑
业(E0)研发强度提高最多,提高了 1.29 个百分点;出口企业全

样本研发强度提高了 0.46 个百分点。虽然 2011 年与 2005 年相比,除纺织、服装和皮毛行业(C1)外,全样本和其他行业研发强度都有提高,但 2011 年全样本和各行业出口企业的研发强度都低于 2%。2011 年通信、信息技术业(G8)出口企业研发强度最高,也仅为 1.90%,采掘业(B0)出口企业研发强度最低,只有 0.27%。说明近七年来,出口企业研发强度总体上有所提高,但研发强度水平依然较低。

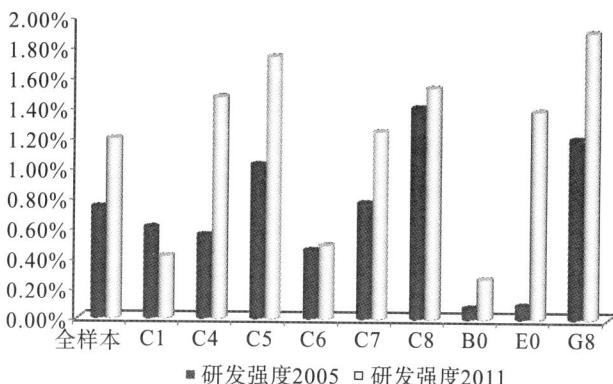

图 3-14　出口企业平均研发强度

数据来源:作者根据样本公司企业年报和国泰安数据库数据整理

(二)出口企业技术员工投入的现状与特点

企业技术创新能力的产生、形成和作用发挥是人类社会实践的结果,因此对技术创新能力的分析离不开人的因素。企业技术员工投入是企业技术创新能力的基础和最本质的表现形式。站在资源观的角度,人力资源是有价值的、稀缺的、难以模仿和替代的,其本身就是企业可持续竞争优势的来源。对于企业技术员工投入的指标,本书用技术员工的数目来衡量。

如图 3-15 所示,在 2005 年出口企业全样本平均的技术员工数是 617 人,到 2011 年出口企业全样本的平均技术工人数目达到了 1 338 人,年均增长率达到了 13.77%。这说明了出口企业已经开始不断重视和加大技术员工的投入,技术员工的数量保持了一个较快的发展速度。分行业看,2011 年建筑业(E0)企业平均的技术员工数是 10 901 人,2005—2011 年年增长率也是最高的,达到了年均增长 33.31%。说明作为在国际上具有竞争力和劳动密集型的中国建筑业,更注重技术员工的投入。

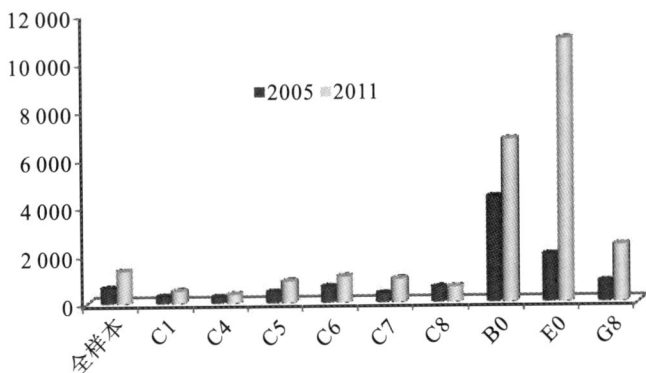

图 3-15 出口企业技术工人数均值图(单位:人)

数据来源:作者根据样本公司企业年报数据整理

从技术员工占企业员工数量的比重来看,如图 3-16 所示,到了 2011 年出口企业全样本技术员工比例为 16.67%,比 2005 年的 15.42%提高了 1.25 个百分点。与技术员工数目增长速度相比,技术员工比重的增长速度则小了很多,这说明了随着出口企业从业员工数目的增加,技术工人的比重没有显著地提高,出口企业从业人员的整体素质并未有明显的提高。分行业看，技术密集型的通信、信息技术业（G8）出口企业技术员工比例最高，2011 年达到了 37.87％，2005 年也达到了 37.67％的水平。

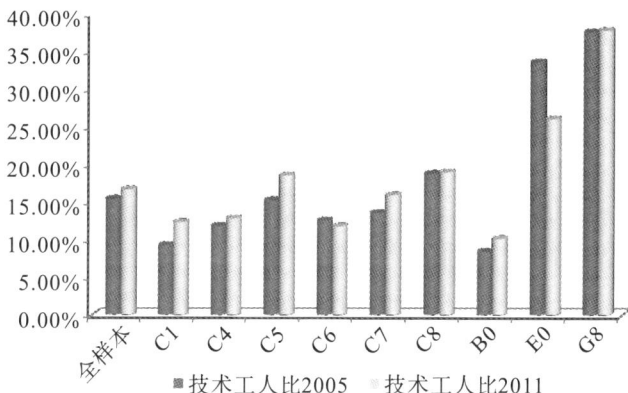

图 3-16　出口企业平均技术工人比重
数据来源：作者根据样本公司企业年报和国泰安数据库数据整理

本章小结

　　本章运用 2005—2011 年的纺织、服装和皮毛行业（C1），石油、化学和塑胶、塑料业（C4），电子元器件制造业（C5），金属和非金属业制造业（C6），机械、设备、仪表业（C7），医药、生物制品行业（C8），采掘业（B0），建筑业（E0）和通信、信息技术业（G8）上市出口企业的数据，实证研究了出口企业技术创新的行业异质性特征。实证研究主要从两个方面展开，一方面研究了出口企业技术创新产出的行业性差异，另一方面研究了出口企业技术创新投入的行业性差异。

1.出口企业技术创新产出的行业特征结论

通过对中国出口企业技术创新行业特征分析发现,截至 2011 年末 473 家出口企业样本中有 93％的企业申请过专利,比 2005 年的比例提高了 17 个百分点;2011 年末各行业这一比重都超过了 80％,与 2005 年末相比,各行业拥有有效专利的出口企业比例都大幅度地提高。这说明中国出口企业已基本具备了技术创新的意识,中国出口企业进行技术创新的能力都有所加强。

2011 年与 2005 年相比,全样本累计申请有效专利件数小于 10 的企业比例下降了 34 个百分点,累计申请有效专利件数大于或等于 50 的企业比例上升了 32 个百分点,各行业累计申请有效专利件数小于 10 的企业比例均下降,累计申请有效专利件数大于或等于 100 的企业比例均上升,这说明出口企业越来越重视专利发展,全样本和分行业出口企业专利分布整体水平提高。

2011 年出口企业前四个最大的企业累计申请有效专利占比除医药、生物制品行业(C8)和通信和信息技术业(G8)提高外,其余均有所下降。但从 2011 年绝对值看,出口企业前四个最大的企业申请有效专利占比仍较高,全样本和各行业占比均在 30％以上,采掘业(B0)和通信和信息技术业(G8)都高达 95％。尽管出口企业越来越重视自主知识产权,但专利发展仍然很不平衡,说明出口企业技术创新垄断程度依然较高,专利申请量高度集中于少数出口企业中,企业技术水平参差不齐的现象极为严重,这可能会阻碍中国出口企业技术创新的步伐。采掘业、建筑业和通信、信息技术业由于产品的垄断性,技术创新能力基本集中于少数大型企业手中,中小企业技术创新发展会受到遏制。不过可喜的是,从时间趋势上看,部分行业还是出现了竞争的趋势。

2011 年发明专利、实用新型专利和外观设计专利三种专利

的结构与 2005 年相比,技术含量最高的发明专利占比提高了
14 个百分点,且在三种专利中占比最高,出口企业积极从事产
品的技术革新和开发新产品等技术含量高的技术创新活动;
2011 年与 2005 年相比较,出口企业各类专利都大幅增加,发明
专利、实用新型专利和外观设计专利年增长率分别为 37%、
28% 和 18%,说明样本出口企业越来越重视技术创新,技术水
平不断提高。分行业看,三种类型专利结构存在较大差别。医
药、生物制品行业(C8),采掘业(B0)和通信、信息技术行业(G8)
发明专利比重大,这三个行业的出口企业在国际市场上面临的
技术层面的竞争更激烈,为了在国际竞争中取得优势,不断提高
技术创新质量。而其他行业的发明专利比率都低于全样本平均
水平,其中纺织、服装和皮毛行业(C1)外观设计专利占比最高,
2005 年和 2011 年分别达到了 68% 和 62%,说明这一传统行业
更多的是依靠产品的外部形状、包装和构造的多样化来实现产
品的差异化战略占据国际市场优势,风险性大,企业如果不在技
术创新方面加大创新力度,发展将会受到很大阻碍。

2011 年各类型专利均值与 2005 年相比,发明专利均值、实
用新型专利均值和外观设计专利均值年均增长分别为37.07%、
28.51% 和 18.32%,各类专利都得到了较快发展,发明专利增
长最快。分行业中各类型专利均值最大的行业在 2005 年和 2011
年都没有发生变化,发明专利均值最大的是通信和信息技术业
(G8),实用新型专利均值最大的是采掘业(B0),外观设计专利均
值最大的是机械、设备、仪表业(C7)。这说明从平均水平看,各行
业各类型专利存在差异,且这种差异具有相对稳定性。

从各类型专利集中度看,各行业前四大企业拥有的各类型有
效专利集中度都在 30% 以上,集中度都较高,但也存在较大差异。
发明专利的集中度最高,且 2011 年与 2005 年相比,总体上出现了

集中度提高的趋势;技术含量较低的实用新型专利和外观设计专利由于创新相对较容易,垄断和集中的现象相对弱些,但也存在垄断,且从时间趋势看,出现了集中度降低的趋势。值得注意的是技术密集度较高的通信、信息技术业(G8),各类专利的集中度都提高了,这可能与该行业企业创新的资金需求较大,进入退出成本较高,技术难以模仿,产品不完全竞争的特征有关。

2.出口企业技术创新投入的行业特征结论

2011年与2005年相比,出口企业全样本和各行业研发资本投入均值都有很大幅度的增加,出口企业越来越重视研发资本的投入。2011年与2005年相比,除纺织、服装和皮毛行业(C1)外,全样本和其他行业研发强度都有所提高,但2011年全样本和各行业出口企业的研发强度都低于2%。2011年通信、信息技术业(G8)出口企业研发强度最高,也仅为1.90%,采掘业(B0)出口企业研发强度最低,只有0.27%。出口企业研发强度总体上有所提高,但研发强度水平依然较低。

在2005年出口企业全样本平均的技术员工数是617人,到2011年出口企业全样本的平均技术工人数目达到了1 338人,年均增长率达到了13.77%。出口企业重视和加大技术员工的投入,技术员工的数量保持了一个较快的发展速度。分行业看,2011年建筑业(E0)企业平均的技术员工数最多,年增长率也是最高的,在国际上具有竞争力和劳动密集型的中国建筑业,更注重技术员工的投入。

与技术员工数目增长速度相比,技术员工比重的增长速度则小了很多,随着出口企业从业员工数目的增加,技术工人的比重没有显著的提高,出口企业从业人员的整体素质并未有明显的提高。分行业看,技术密集型的通信、信息技术业(G8)出口企业技术员工比例最大。

第四章
出口企业分行业技术创新
影响因素行业差异性研究

本部分对出口企业技术创新影响因素行业差异性进行实证研究,从研发投入和厂商特质来探求分行业出口企业技术创新影响因素的差异。

一、研究设计

(一)指标选取

根据前面出口企业技术创新的理论分析,企业技术创新的主要影响因素为研发资本投入和研发人力投入、企业冗余资源、企业的技术装备程度、国有股权比例、股权集中度、市场势力和企业规模;作为出口企业,其技术创新也受到出口额的影响。根据上述理论分析,本书确定实证指标,各变量的取值和定义见表4-1。

1. 技术创新产出

技术创新产出一般用专利数量、创新数量或新产品销售收入衡量,但创新数量或新产品销售收入在公司年报中是非法定公布指标,只有少数企业公布。各企业的专利数量可在中国国家知识产权局网站查询到,考虑到数据的可得性,本书采用各样本企业各年度累计获得的专利数量来衡量技术创新产出,用 P 表示。

2.研发资本和研发人力投入

影响企业技术创新产出的是研发资本存量,年报中未直接公布该数据。本书研发资本存量主要是从无形资产和开发支出中剥离,用 RD 表示,具体计算见式3-1、式3-2和式3-3。

研发活动参与者主要是技术员工,因此本书采用技术工人数量衡量研发劳动投入,技术工人数量用 SW 表示。

3.企业冗余资源

企业冗余资源就是企业拥有的资源与对这些资源的实际需求之间的差额,这些冗余会发生在企业整个供应链上,企业整个供应链上的冗余资源从结果上看表现为企业存货净额,因此本书使用企业平均存货净额作为企业冗余资源的衡量指标,用 IY 表示。企业平均存货净额计算如下:

$$平均存货净额 = \frac{存货期初余额 + 存货期末余额}{2} \tag{4-1}$$

4.固定资产规模

固定资产规模代表了企业的技术装备程度,企业的技术装备程度高有助于技术创新的开展。本书用平均固定资产净额代表企业固定资产规模,用 FA 表示。平均固定资产净额计算如下:

$$平均固定资产净额 = \frac{固定资产净额期初余额 + 固定资产净额期末余额}{2}$$
$$\tag{4-2}$$

5.国有股权比例和股权集中度

本书采用企业的国有股股数和总股数的比例来衡量企业股权性质因素对企业技术创新的影响,用 SOS 表示;用企业第一、二大股东持股之和占总股数的比例来衡量企业股权集中度对企业技术创新的影响,用 SHS 表示。

6.市场势力

市场势力是指市场竞争主体拥有的价格加成能力,即一种使定价高于增量成本或边际成本的能力。从产业组织学的视野看,市场势力来源于不完全竞争市场结构下价格与边际成本的偏离。由于价格信息和边际成本的获得比较困难,本书采用营业收入代替价格信息,采用营业成本代替边际成本,市场势力用 MF 表示。具体计算公式如下:

$$市场势力=\frac{营业收入}{营业成本}\times100 \tag{4-3}$$

表 4-1   各变量的表示符号和取值说明

变量类型	变量符号	变量含义	变量单位	变量的取值方法及说明
因变量	P	技术创新产出	件	各样本企业各年累计获得的有效专利数量
自变量	RD	研发资本投入	元	(研发资本期初余额＋研发资本期末余额)/2
	SW	技术工人数量	人	各样本企业各年技术工人年末数
	IY	平均存货净额	元	(存货期初余额＋存货期末余额)/2
	FA	平均固定资产净额	元	(期初固定资产净额＋期末固定资产净额)/2
	SOS	国有股权比例	％	国有股股数/总股数×100
	SHS	第一二大股东持股比	％	第一、二大股东持股和/总股数×100
	MF	市场势力指数	％	营业收入/营业成本×100
	EX	出口额	元	国外主营业务收入

7. 企业规模

企业规模的衡量方法有总资产、职工总数和营业收入三种，考虑到已将总资产中的存货和固定资产选作指标，职工总数中的技术工人选作指标，为防止信息交叉，故本书选用营业收入作为企业规模的衡量指标，用 OI 表示。

8. 出口特性变量

本书在以其他类型企业为对照系研究出口企业技术创新的影响时，对各类型分别做回归进行横向比较，以比较出口企业技术创新与其他类型企业的差异。

出口企业的界定是以其主营业务有出口为主要界定标准，在对出口企业分行业技术创新影响因素进行研究时，以国外主营业务收入作为企业出口额的衡量指标。

(二)计量模型设定

根据理论分析部分给出的知识生产函数：

$$\ln Y = \alpha + \sum_{i=1}^{n} (\beta_i \ln X_i) + \varepsilon \tag{4-4}$$

其中 X_i 表示特定因素的影响，β_i 表示技术创新产出对于影响因素 X_i 的弹性，ε 表示误差项。

在此模型的基础上，根据前文的理论分析，我们将影响各因素代入上述知识生产函数，建立如下实证模型，分析分行业出口企业技术创新影响因素的差异性。

$$\ln P_{it} = \alpha + \beta_1 \ln RD_{it} + \beta_2 \ln SW_{it} + \beta_3 \ln IY_{it} + \beta_4 \ln FA_{it} + \beta_5 \ln SOS_{it} + \beta_6 \ln SHS_{it} + \beta_7 \ln MF_{it} + \beta_8 \ln EX_{it} + \varepsilon_{it} \tag{4-5}$$

其中 i 和 t 分别表示出口企业和时间，P 代表技术创新产出,RD 代表研发资本投入,SW 代表技术工人数量,IY 代表平均存货净额,FA 代表平均固定资产净额,SOS 代表国有股权比例,SHS 代表第一二大股东持股比,MF 代表市场势力指数,EX 代表出口额,ε 表示误差项。下文将根据实证模拟的结果,在上述模型的基础上选择合适的模型进行实证分析。

(三)面板数据的初步处理和估计方法

计量模型采用的是对数形式,只有大于 0 的数取对数才有意义。在样本数据中,部分样本企业各年度累计获得的专利数、研发资本投入、技术工人数量、平均存货净额、国有股权比例和出口额数据数值为 0,为了保证取对数有意义,而且不失去经济学含义,本书组根据经济学上的正单调变换原理和知识生产函数系数的经济学含义,对于有数据为 0 的数值组,所有数值都加上一个微小量,使知识生产函数系数不失经济学含义又保证取对数有意义。

本书采用上市公司的面板数据,个体差异较大,因而个体效应模型进行研究。用 Statal1.0 软件对研究模型进行了个体效应面板数据回归分析,根据 Hausman 检验结果,选择固定效应或随机效应模型。为了保证结果的准确性,如果采用固定效应模型,用 Wooldridge 检验来检验是否存在序列相关,用 Pesaran's 检验来检验是否存在截面相关,用 Modified Wald 检验来检验是否存在截面异方差。如果检验的结果表明存在上述复杂情况,我们将采用 Driscoll-Kraay 标准误即 xtscc

检验员
3

模型对个体固定效应模型进行修正[①],以保证我们的实证结果真实可靠。

二、出口企业技术创新影响因素行业差异描述性统计 ●●●➡

为了更好地研究出口企业技术创新的规律,本部分从出口企业的不同行业,分析各变量取对数后在不同行业中的均值和标准差的变化趋势(见表 4-2、表 4-3、图 4-1、图 4-2、图 4-3 和图 4-4),由于前面章节中已对出口额、研发资本投入和技术工人数量做过分析,这里将不再分析出口额、研发资本投入和技术工人数量三个变量。

由于平均存货净额和平均固定资产净额采用以元为单位的绝对数计量(见图 4-1、图 4-2、表 4-2 和表 4-3),值较大,全样本和各行业平均存货净额对数均值和平均固定资产净额对数均值都处于较高的水平。2005 年全样本平均存货净额对数均值和平均固定资产净额对数均值分别为 8.31 和 8.59,2011 年比 2005 年有所提高,分别为 8.73 和 8.93。

各行业平均存货净额对数和平均固定资产净额对数的均值在行业间变化并不大。2005 年平均存货净额对数均值最大的是建筑业(E0),为 8.95,最小的是通信和信息技术业(G8),为 7.99;2011 年平均存货净额对数均值最大的是建筑业(E0),为 9.63,最小的是电子元器件制造业(C5),为 8.43。2005 年平均

---

① Hoechle D. Robust Standard Errors for Panel Regressions with Cross-sectional Dependence. The Stata Journal. 2007,17(3):281—312.

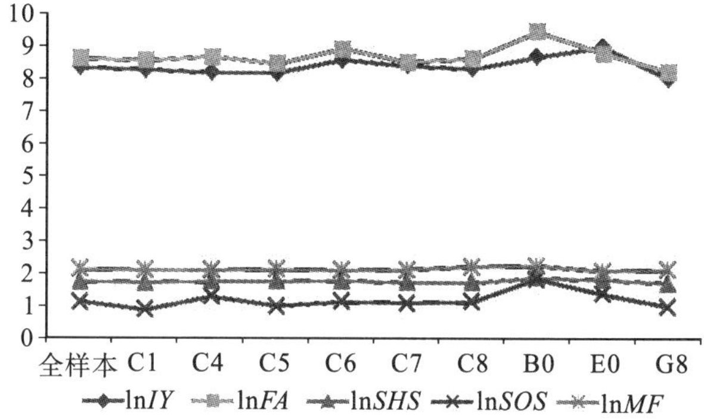

图 4-1　2005 年出口企业分行业各变量均值图
资料来源:作者据年报和国泰安数据库数据整理

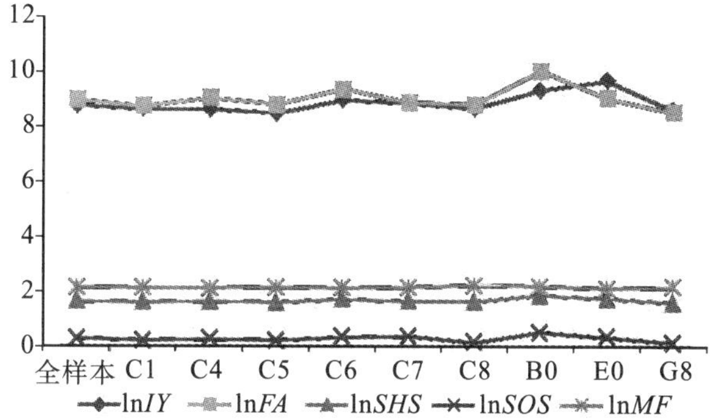

图 4-2　2011 年出口企业分行业各变量均值图
资料来源:作者据年报和国泰安数据库数据整理

固定资产净额对数均值最高的是采掘业(B0),为 9.43,最低的是通信和信息技术业(G8),为 8.20;2011 年平均固定资产净额对数均值最高和最低行业均无变化,最高的是采掘业(B0),为 9.99,最低的是通信和信息技术业(G8),为 8.47。

　　无论是 2005 年还是 2011 年,平均存货净额对数均值最大的都是建筑业(E0),平均固定资产净额对数均值最高的是采掘业(B0),这与建筑业存货净额大、采掘业固定资产投资大的行业特征有关。2011 年较 2005 年,全样本和各行业的平均存货净额对数均值和平均固定资产净额对数均值都有所提高,说明出口企业冗余资源具有增加趋势,技术装备水平有提高的趋势,但行业差异不大。

　　第一二大股东持股比、国有股权比例和市场势力指数由于测量中都取百分数,取对数后三变量的值都小于 3,都维持在较低的水平。2005 年全样本一二大股东持股比对数均值、国有股权比例对数均值和市场势力指数对数均值分别为 1.73、1.11 和 2.11,2011 年与 2005 年相比三指标都有所下降,分别为 1.61、0.25 和 2.10。

　　分行业看,与 2005 年相比,2011 年第一二大股东持股比和国有股权比例在各行业中都有小幅下降,其中国有股权比例对数均值都下降到了 0.5 以下,这与我国的国有股权减持改革有关。市场势力指数对数均值除纺织、服装和皮毛行业(C1)和通信、信息技术业(G8)提高外,其他行业都有所下降,说明各行业竞争趋于加剧。2005 年各行业中,第一二大股东持股比对数均值、国有股权比例对数均值和市场势力指数对数均值,采掘业(B0)最高,分别为 1.86、1.814 和 2.22,最低分别为通信和信息技术业(G8),纺织、服装和皮毛行业(C1)和建筑业(E0),值分别为 1.69、0.87 和 2.08。2011 年第一二大股东持股比对数均值和国有股权比例对数均值依然是采掘业(B0)的最高,分别为 1.811 和 0.47,但比 2005 年有所下降,最低均为通信和信息技术业(G8),分别为 1.54 和 0.10。2011 年市场势力指数对数均值最高的是医药、生物制品行业(C8),为 2.19,最低的是建筑业(E0),为 2.06。总体上看,出口企业的股权趋于分散、国有股权比例趋于降低,竞争性趋于加强,有利于出口企业的发展。

表 4-2 2005 年出口企业分行业各变量均值和标准差统计

		lnIY	lnFA	lnSHS	lnSOS	lnMF
全样本	均值	8.31	8.59	1.73	1.11	2.11
	标准差	0.71	0.62	0.15	0.78	0.08
C1	均值	8.23	8.52	1.70	0.87	2.08
	标准差	0.46	0.43	0.14	0.82	0.05
C4	均值	8.15	8.64	1.74	1.28	2.09
	标准差	0.39	0.46	0.14	0.72	0.06
C5	均值	8.13	8.44	1.74	0.99	2.12
	标准差	0.65	0.63	0.15	0.79	0.10
C6	均值	8.55	8.88	1.76	1.12	2.09
	标准差	0.59	0.69	0.12	0.80	0.05
C7	均值	8.37	8.47	1.71	1.07	2.10
	标准差	0.57	0.52	0.13	0.79	0.05
C8	均值	8.27	8.58	1.71	1.12	2.19
	标准差	0.46	0.51	0.16	0.77	0.12
B0	均值	8.65	9.43	1.86	1.81	2.22
	标准差	0.78	0.87	0.13	0.11	0.13
E0	均值	8.95	8.76	1.81	1.37	2.07
	标准差	0.57	0.80	0.14	0.79	0.04
G8	均值	7.99	8.20	1.69	0.98	2.12
	标准差	1.62	0.58	0.21	0.79	0.07

资料来源:作者据年报和国泰安数据库数据整理

出口企业全样本和分行业各变量对数的标准差见图 4-3、图 4-4、表 4-2 和表 4-3。

表 4-3 2011 年出口企业分行业各变量均值和标准差统计

		ln*IY*	ln*FA*	ln*SHS*	ln*SOS*	ln*MF*
出口企业	均值	8.73	8.93	1.61	0.25	2.10
	标准差	0.74	0.65	0.17	0.51	0.08
C1	均值	8.60	8.70	1.56	0.18	2.09
	标准差	0.54	0.49	0.17	0.50	0.06
C4	均值	8.57	9.00	1.58	0.23	2.07
	标准差	0.39	0.52	0.14	0.43	0.05
C5	均值	8.43	8.77	1.56	0.18	2.11
	标准差	0.53	0.53	0.17	0.40	0.08
C6	均值	8.93	9.32	1.68	0.31	2.09
	标准差	1.24	0.68	0.18	0.61	0.08
C7	均值	8.82	8.83	1.61	0.32	2.10
	标准差	0.61	0.54	0.15	0.57	0.05
C8	均值	8.62	8.76	1.59	0.12	2.19
	标准差	0.39	0.42	0.16	0.37	0.12
B0	均值	9.28	9.99	1.81	0.47	2.14
	标准差	0.77	0.83	0.13	0.70	0.07
E0	均值	9.63	9.01	1.70	0.31	2.06
	标准差	0.80	1.04	0.17	0.48	0.03
G8	均值	8.56	8.47	1.54	0.10	2.13
	标准差	0.71	0.59	0.21	0.34	0.10

资料来源:作者据年报和国泰安数据库数据整理

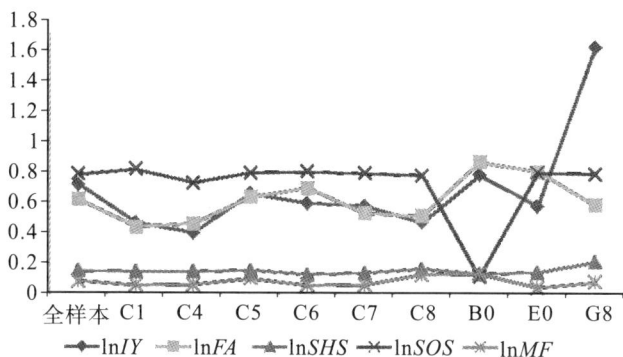

图 4-3　2005 年出口企业分行业各变量标准差图

资料来源:作者据年报和国泰安数据库数据整理

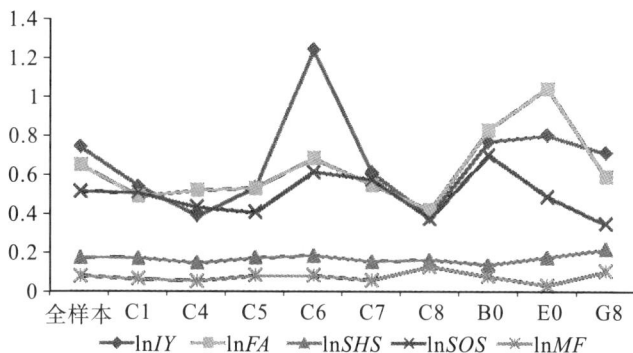

图 4-4　2011 年出口企业分行业各变量标准差图

资料来源:作者据年报和国泰安数据库数据整理

2005 年全样本平均存货净额、平均固定资产净额和国有股权比例对数的标准差分别为 0.71、0.62 和 0.78,远远高于第一二大股东持股比和市场势力指数对数的标准差 0.15 和 0.08 的

水平;2011 年全样本平均存货净额、平均固定资产净额和第一
二大股东持股比对数的标准差比 2005 年有所提高,分别为
0.74、0.64 和 0.17;国有股权比例和市场势力指数对数的标准
差比 2005 年有下降,分别为 0.51 和 0.08。说明出口企业之间
平均存货净额、平均固定资产净额和国有股权比例的差异较大,
且平均存货净额和平均固定资产净额差异有扩大趋势;出口企
业第一二大股东持股比的差异虽不大但也有扩大趋势;出口企
业国有股权比例和市场势力指数的差异具有缩小的趋势。

分行业比较看平均存货净额对数的标准差,各行业间平均
存货净额对数的标准差变动差异较大,2005 年通信、信息技术
业(G8)最大,标准差高达 1.62,石油、化学和塑胶、塑料业(C4)
最小,标准差仅为 0.39;到了 2011 年,不稳定性最大的是金属
和非金属业制造业(C6),标准差为 1.24,最小的是医药、生物制
品行业(C8),仅为 0.386。

分行业比较看平均固定资产净额对数的标准差,采掘业
(B0)、建筑业(E0)的标准差远高于其他行业,2005 年分别为
0.87 和 0.80,2011 年变化为 0.83 和 1.04,其他行业的标准差
有升有降,但都维持在 0.70 以内。

分行业比较看国有股权比例对数的标准差,除采掘业(B0)
外,其他行业都下降了,出口企业全样本从 2005 年的 0.78 降到
2011 年的 0.51,而值得注意的是,标准差唯一增长的行业是采
掘业(B0),2005 年还是各行业最低的 0.11,2011 年则增长到各
行业最高的 0.70。

分行业比较看第一二大股东持股比对数的标准差,2005 年
通信、信息技术业(G8)最大,标准差为 0.21,金属和非金属业制
造业(C6)最小,标准差为 0.12;到了 2011 年,不稳定性最大的
依然是通信、信息技术业(G8),标准差为 0.21,采掘业(B0)最

小,标准差为 0.13。不论是 2005 年还是 2011 年,通信、信息技术业(G8)第一二大股东持股比对数的标准差都最大,且这一标准差基本没有变化。

分行业比较看市场势力指数对数的标准差,2005 年采掘业(B0)最大,标准差为 0.13,建筑业(E0)最小,标准差为 0.04;到了 2011 年,不稳定性最大的是医药、生物制品行业(C8),标准差为 0.12,最小依然是建筑业(E0),标准差为 0.03。不论是 2005 年还是 2011 年,建筑业(E0)市场势力指数的标准差都最小,说明建筑业(E0)竞争格局变化不大。

不论是 2005 年还是 2011 年,存货净额均值、固定资产净额均值和国有股权比例均表现出了行业内较大的不稳定性,行业间波动也较大;从第一二大股东持股比和市场势力的标准差分行业比较看,二者标准差行业内虽然有波动,但总体来说,行业内的波动都维持在较低的水平,第一二大股东持股比和市场势力指数对数的标准差曲线较平缓,第一二大股东持股比和市场势力指数的行业间波动也较小,反映了我国出口企业市场势力和股权集中度相对稳定的现状。

三、出口企业技术创新影响因素行业差异研究 ●●●➡

为了进一步检验各因素对不同行业出口企业技术创新的影响程度,本书用 Stata11.0 软件和公式 4-5,对各行业样本进行了静态面板数据回归分析,结果见表 4-4 和表 4-5 所示。

根据 Hausman 检验结果,检验不显著的采用个体随机效应模型,九个行业中纺织、服装和皮毛行业(C1),石油、化学和塑胶、塑料业(C4),电子元器件制造业(C5)和机械、设备、仪表业(C7)选择了个体随机效应模型,而其他均采用的是用 Driscoll-Kraay 标准误修正的 xtscc 固定效应模型,同时各个变量的回归系数都通过了 10% 的显著性检验,拟合结果较好。

1.各变量对出口企业全样本技术创新影响研究

对出口企业全样本而言,除了出口额在 10% 水平上通过显著性检验,市场势力指数 5% 水平上通过显著性检验,其他变量都在 1% 的水平上通过显著性检验,故拟合结果理想,该回归结果真实可靠。$\ln RD$、$\ln SW$、$\ln IY$、$\ln FA$ 的系数都是为正,研发资本投入(RD)、技术工人数量(SW)、存货净额均值(IY)、平均固定资产净额(FA)对于出口企业全样本技术创新都存在正向作用,而 $\ln SHS$、$\ln SOS$、$\ln MF$ 的系数为负,并且在 1% 水平下显著,第一二大股东持股比(SOS)、国有股权比例(SHS)和市场势力(MF)对于出口企业全样本技术创新存在明显的负向作用。在正向作用的变量中,系数从大到小依次为 $\ln FA$、$\ln IY$、$\ln SW$、$\ln RD$ 和 $\ln EX$,对出口企业技术创新产出促进作用最大的是出口企业技术装备水平(FA),技术装备水平每提高 1%,技术创新产出增加 0.497%,对出口企业技术创新产出促进作用最小的是出口额(EX),出口额每提高 1%,技术创新产出增加 0.003%。在负向作用的变量中,系数绝对值从大到小依次为 $\ln SHS$、$\ln MF$ 和 $\ln SOS$,出口企业第一二大股东持股比(SHS)每提高 1%,技术创新产出会减少 1.211%;市场势力指数(MF)每提高 1%,技术创新产出会减少 0.309%;国有股权比例(SOS)每提高 1%,技术创新产出会减少 0.134%。值得注意的是,在所有影响技术创新产出的变量中,产出弹性系数绝对值最大的是第一二大股东持股比(SHS),且符号为负,出口企业分散股权,对技术创新产出的促进作用最大。

2.分行业出口企业技术创新影响因素作用比较研究

分行业看,对于纺织、服装和皮毛业(C1),对企业的技术创新影响作用显著的是研发资本投入(RD)、技术工人数量(SW)、平均固定资产净额(FA)、第一二大股东持股比(SHS)和出口(EX),弹性系数分别为 0.022、0.151、0.582、−1.486 和0.039,除第一二大股东持股比(SHS)是负作用外,其余显著指标的系数都是正向作用。在所有显著指标的系数中,对于纺织、服装和皮毛业企业技术创新作用最强的是第一二大股东持股比(SHS),但由于符号为负,说明股权集中不利于纺织、服装和皮毛业出口企业的技术创新。在所有正向指标中,作用弹性系数从大到小依次为:平均固定资产净额(FA)、技术工人数量(SW)、出口额(EX)和研发资本投入(RD),说明技术装备水平、技术工人、出口额和研发资本投入对纺织、服装和皮毛业企业技术创新都有促进作用,但技术装备水平的作用更为重要。

对于石油、化学和塑胶塑料制造业(C4),对出口企业的技术创新产出影响作用显著的是研发资本投入(RD)、技术工人数量(SW)、平均存货净额(IY)、国有股权比例(SOS)、第一二大股东持股比(SHS)和出口额(EX),弹性系数分别为 0.027、0.114、0.501、−0.099、−0.890 和 0.019。除国有股权比例(SOS)和第一二大股东持股比(SHS)是负作用外,其余显著的指标都是正向作用,说明国有控股企业和股权集中不利于企业技术创新。在所有显著指标中,对于石油、化学和塑胶塑料制造业企业技术创新作用最强的是第一二大股东持股比(SHS),说明股权集中对该行业企业具有较大抑制作用。在所有正向指标中,从大到小依次为:平均存货净额(IY)、技术工人数量(SW)、研发资本投入(RD)和出口额(EX),说明在对石油、化学和塑胶塑料制造业(C4)企业所有有促进作用的因素中,企业冗余资源对技术创新产出的作用最大。

对于电子元器件制造业（C5），对企业的技术创新影响作用显著的是研发资本投入（RD）、技术工人数量（SW）、平均存货净额（IY）、国有股权比例（SOS）和第一二大股东持股比（SHS），弹性系数分别为 0.021、0.171、0.784、−0.202 和 −1.134。国有股权比例（SOS）和第一二大股东持股比（SHS）对电子元器件制造业（C5）企业技术创新产出作用为负，而且第一二大股东持股比（SHS）对企业技术创新产出的制约作用更大。在正向指标中，衡量企业冗余资源的平均存货净额（IY）的作用强度最大，研发资本投入（RD）的作用强度最小。

表 4-4　出口企业分行业技术创新影响因素实证结果 A

变量	$\ln P$				
	全样本-xtscc	C1-re	C4-re	C5-re	C6-xtscc
$\ln RD$	0.016***	0.022**	0.027***	0.021*	0.015**
	(5.932)	(2.163)	(3.595)	(1.673)	(2.445)
$\ln SW$	0.109***	0.151**	0.114**	0.171***	
	(3.611)	(2.031)	(2.477)	(2.633)	
$\ln IY$	0.118***		0.501***	0.784***	
	(3.418)		(7.358)	(9,031)	
$\ln FA$	0.497***	0.582***			0.840***
	(17.475)	(4.828)			(52.385)
$\ln SOS$	−0.134***		−0.099***	−0.202***	−0.190***
	(−7.071)		(−4.687)	(−7.042)	(−8.276)
$\ln SHS$	−1.211***	−1.486***	−0.890***	−1.134***	−1.356***
	(−12.363)	(−5.966)	(−4.987)	(−5.743)	(−6.698)
$\ln MF$	−0.309**				
	(−2.339)				

续表

变量	lnP				
	全样本-xtscc	C1-re	C4-re	C5-re	C6-xtscc
lnEX	0.003*	0.039**	0.019***		
	(1.697)	(2.390)	(3.102)		
截距项	−1.671***	−2.547***	−2.143***	−3.553**	−3.878***
	(−13.50)	(−3.25)	(−4.50)	(−4.373)	(−12.147)
F 值	4 705.31***				1 417.19***
Wald 值		119.07***	399.48***	458.78***	
样本数	3 311	294	560	399	497
within R^2	0.452	0.311	0.454	0.560	0.517
Hausman 值	95.22***	4.6	7.04	8.29	30.42**

注:括号内是 t 统计量值, *** $p<0.01$, ** $p<0.05$, * $p<0.1$

对于金属和非金属制造业(C6),对企业的技术创新影响作用系数显著的是研发资本投入(RD)、平均固定资产净额(FA)、国有股权比例(SOS)和第一二大股东持股比(SHS),弹性系数分别为 0.015、0.840、−0.190 和 −1.356。国有股权比例和第一二大股东持股比对金属和非金属制造业企业技术创新作用为负,其余指标有促进作用。在正值指标中,衡量企业技术装备水平的平均固定资产净额的弹性系数高达 0.840,这说明在金属和非金属制造业平均固定资产净额对企业技术创新作用巨大,但在负值指标中,第一二大股东持股比的系数绝对值更大。

表 4-5　出口企业分行业技术创新影响因素实证结果 B

变量	lnP				
	C7-re	C8-xtscc	B0-xtscc	E0-xtscc	G8-xtscc
lnRD	0.026*** (3.089)		0.044*** (6.895)	0.033*** (4.301)	
lnSW		0.094*** (2.785)		0.441*** (2.924)	0.197*** (3.158)
lnIY	0.346*** (6.576)			0.222** (2.381)	0.046*** (2.795)
lnFA	0.332*** (5.621)	0.737*** (11.368)	0.369*** (4.463)	0.521*** (5.583)	0.310*** (9.342)
lnSOS	−0.172*** (−9.632)		−0.120*** (−2.975)	−0.152*** (−2.843)	−0.125*** (−4.752)
lnSHS		−1.329*** (−7.181)		−2.605*** (−5.111)	−1.259*** (−11.375)
lnMF			−1.059*** (−3.370)		−0.657** (−2.181)
lnEX	0.016** (2.356)		0.017*** (2.623)		
截距项	−4.453*** (−11.239)	−3.011*** (−3.855)	−0.114 (−0.095)	−2.722** (−2.425)	1.385** (2.024)
F 值		194.65***	1 784.48**	35 730.96*	763.42***
Wald 值	500.83***				
样本数	896	224	112	77	252
within R²	0.385	0.373	0.484	0.789	0.496
Hausman 值	6.79	70.74***	14.52**	22.62***	98.86***

注:括号内是 t 统计量值,*** $p<0.01$,** $p<0.05$,* $p<0.1$

对于机械、设备和仪表业(C7),对企业的技术创新影响作用显著的是研发资本投入(RD)、平均存货净额(IY)、平均固定资产净额(FA)、国有股权比例(SOS)和出口额,弹性系数分别为 0.026、0.346、0.332、−0.172 和 0.016。国有股权比例对机械、设备和仪表业企业技术创新的作用依然为负。在所有正向指标中,弹性系数从大到小依次为:平均存货净额、平均固定资产净额、研发资本投入和出口额,说明对机械、设备和仪表业出口企业技术创新有促进作用的所有因素中,企业冗余资源作用最大。

对于医药、生物制造行业($C8$),对企业的技术创新影响作用显著的是技术工人数量(SW)、平均固定资产净额(FA)和第一二大股东持股比(SHS),弹性系数分别为 0.094、0.737 和 −1.329。第一二大股东持股比对该行业企业技术创新的作用依然为负,且第一二大股东持股比的弹性系数绝对值在作用显著指标的系数绝对值中最大,说明第一二大股东持股比对企业技术创新的制约作用最大。在正向指标中,平均固定资产净额的弹性系数高达 0.737,作用强度要大于技术工人数量。

对于采掘业($B0$),对企业的技术创新影响作用显著的是研发资本投入(RD)、平均固定资产净额(FA)、国有股权比例(SOS)、市场势力指数(MF)和出口额(EX),弹性系数分别为 0.044、0.369、−0.120、−1.059 和 0.017。除国有股权比例和市场势力指数是负作用外,其余系数显著的指标都是正向作用。值得注意的是,市场势力的弹性系数绝对值在所有显著指标中系数最大,这说明采掘业的市场势力对企业技术创新有显著制约作用。在所有正向指标中,弹性系数从大到小依次为:平均固定资产净额、研发资本投入和出口额。说明对采掘业有促进作用的所有因素中,技术装备水平作用最大。

对于建筑业($E0$),对企业的技术创新影响作用显著的是研发资本投入(RD)、技术工人数量(SW)、平均存货净额(IY)、平均固定资产净额(FA)、国有股权比例(SOS)和第一二大股东持股比(SHS),弹性系数分别为 0.033、0.441、0.222、0.521、−0.152 和 −2.605。国有股权比例和第一二大股东持股比对技术创新仍然具有制约作用,其他为正作用。在所有正向指标中,弹性系数从大到小依次为:平均固定资产净额、技术工人数量、研发资本投入和平均存货净额,这说明在建筑业中,衡量企业技术装备水平的平均固定资产净额对企业技术创新作用较大。

对于通信和信息技术业($G8$),对企业的技术创新影响作用显著的是技术工人数量(SW)、平均存货净额(IY)、平均固定资产净额(FA)、国有股权比例(SOS)、一二大股东持股比(SHS)和市场势力指数(MF),弹性系数分别为 0.197、0.046、0.310、−0.125、−1.259 和 −0.657。国有股权比例、第一二大股东持股比和市场势力指数为负,其他指标弹性系数均为正。在所有正向指标中,弹性系数从大到小依次为:平均固定资产净额、技术工人数量和平均存货净额,这说明在通信和信息技术业中,同样是平均固定资产净额对企业技术创新作用最大。

3.各变量对各行业出口企业技术创新作用强度比较研究

从各行业各变量对技术创新产出作用强度看,研发资本除对医药、生物制造行业($C8$)和通信和信息技术业($G8$)技术创新产出作用不显著外,其他行业研发资本均对技术创新产出具有促进作用,对采掘业($B0$)的促进作用最大,对金属和非金属业制造业($C6$)的促进作用最小。

技术工人数量除对金属和非金属业制造业($C6$),机械、设备、仪表业($C7$)和采掘业($B0$)技术创新产出作用不显著外,其他行业技术工人数量均对技术创新产出具有促进作用,对劳动密集型的建筑业($E0$)的促进作用最大,对技术密集型的医药、生物制品行业(C8)促进作用最小。

平均存货净额对石油、化学和塑胶、塑料制造业(C4),电子元器件制造业(C5),机械、设备、仪表业(C7),采掘业(B0)和通信和信息技术业(G8)技术创新产出具有显著促进作用,对电子元器件制造业(C5)的促进作用最大,对通信和信息技术业(G8)的促进作用最小。

平均固定资产净额除对石油、化学和塑胶、塑料制造业(C4)和电子元器件制造业(C5)技术创新产出作用不显著外,对其他行业都具有显著促进作用,对资本密集型的金属和非金属业制造业(C6)的促进作用最大,对技术密集型的通信和信息技术业(G8)的促进作用最小。

第一二大股东持股比例除对机械、设备、仪表业(C7)和采掘业(B0)技术创新产出不具有显著作用外,对其他行业均具有显著抑制作用,对建筑业(E0)的抑制作用最大,对石油、化学和塑胶、塑料制造业(C4)的抑制作用最小,且在所有行业显著影响因素中,第一二大股东持股比例弹性系数绝对值是最大的,说明出口企业股权集中严重影响了技术创新产出。

国有股权比例除对纺织、服装和皮毛行业(C1)和医药、生物制品行业(C8)技术创新产出作用不显著外,对其他行业均具有显著抑制作用,对电子元器件制造业(C5)的抑制作用最大,对石油、化学和塑胶、塑料制造业(C4)的抑制作用最小。

市场势力指数对采掘业(B0)和通信和信息技术业(G8)技术创新产出具有显著抑制作用,弹性系数分别为 -1.059 和 -0.657,对其他行业不具有显著抑制作用。出口额对纺织、服装和皮毛行业(C1),石油、化学和塑胶、塑料制造业(C4),机械、设备、仪表业(C7)和采掘业(B0)技术创新产出具有显著促进作用,对其他行业不具有显著作用,对纺织、服装和皮毛行业(C1)

促进作用最大,对机械、设备、仪表业(C7)的促进作用最小。

本章小结

本章运用 2005—2011 年的纺织、服装和皮毛行业(C1),石油、化学和塑胶、塑料业(C4),电子元器件制造业(C5),金属和非金属业制造业(C6),机械、设备、仪表业(C7),医药、生物制品行业(C8),采掘业(B0),建筑业(E0)和通信、信息技术业(G8)上市出口企业的数据,实证研究了研发资本投入、技术工人数量、平均存货净额、平均固定资产净额、国有股权比例、第一二大股东持股比、市场势力指数和出口额对出口企业技术创新产出的影响。实证研究主要从两个方面展开,一方面研究了出口企业技术创新各影响因素特征的行业性差异,另一方面研究了出口企业技术创新各影响因素作用的行业性差异。由于前面第三章中已对出口额、研发资本和技术工人做过描述性分析,在分析出口企业技术创新各影响因素特征的行业性差异时没有再分析出口额、研发资本投入和技术工人数量三个变量。

1. 出口企业各变量各行业均值比较结论

由于平均存货净额和平均固定资产净额采用以元为单位的绝对数计量,值较大,全样本和各行业平均存货净额对数均值和平均固定资产净额对数均值都处于较高的水平。平均存货净额对数均值和平均固定资产净额对数均值在行业间变化并不大,平均存货净额对数均值最大的是建筑业(E0),平均固定资产净额对数均值最高的是采掘业(B0),这与建筑业存货净额大、采掘业固定资产投资大的行业特征有关。2011 年较 2005 年,全样本和各行业的平均存货净额对数均值和平均固定资产净额对数均值都有所提高,说明出口企业冗余资源具有增加趋势,技术装备水平有提高的趋势,但行业差异不大。

第一二大股东持股比、国有股权比例和市场势力指数由于测量中都取百分数,取对数后三变量的值都小于 3,均维持在较低的水平。与 2005 年相比,2011 年全样本和各行业国有股权比例对数均值都有下降,各行业国有股权比例对数均值都下降到了 0.5 以下,这与我国的国有股权减持改革有关;2011 年全样本和各行业第一二大股东持股比也都有小幅下降,出口企业的股权趋于分散。市场势力指数对数均值除纺织、服装和皮毛行业(C1)和通信、信息技术业(G8)提高外,其他行业都有所下降,竞争性趋于加强,有利于出口企业的发展。

2. 出口企业各变量标准差比较结论

全样本平均存货净额、平均固定资产净额和国有股权比例对数的标准差远远高于第一二大股东持股比和市场势力指数对数的标准差,说明出口企业间平均存货净额、平均固定资产净额和国有股权比例的差异较大,且 2011 年相较于 2005 年平均存货净额和平均固定资产净额差异有扩大趋势;出口企业第一二大股东持股比的差异虽不大但也有扩大趋势;出口企业国有股权比例和市场势力指数的差异具有缩小的趋势。

各行业间平均存货净额对数、平均固定资产净额对数和国有股权比例对数的标准差变动差异较大,值得注意的是,国有股权比例对数的标准差除采掘业(B0)外其他行业都下降了,再结合其国有股权比例对数均值最大这一特性,说明采掘业(B0)内各企业国有控制程度都比较强。

各行业间第一二大股东持股比对数的标准差虽有差异但差异不大,不稳定性最大的是通信、信息技术业(G8),且 2005 年和 2011 年,通信、信息技术业(G8)第一二大股东持股比对数的标准差基本没有变化。市场势力指数对数的标准差各行业差异不大,不论是 2005 年还是 2011 年,建筑业(E0)市场势力指数的标准差最小,说明建筑业(E0)竞争格局变化不大。第一二大股东持股比和市场势力指数的行业间波动较小,反映了我国出口企业市场势力和股权集中度相对稳定的现状。

3. 出口企业技术创新各影响因素作用行业差异性研究结论

对所有出口样本行业而言,各指标系数显著性有所差别,但指标的系数显著性与该指标对全样本的作用方向一致,即表示股权结构的第一二大股东持股比、国有股权比例和市场势力指数对企业技术创新都是负向作用,其他指标均为正向作用。对于追加的出口额这一指标而言,在出口企业全样本中,促进了企业的技术创新,但与其他指标相比,其作用强度却是最小的,说明出口额虽对我国出口企业技术创新整体上有促进作用,但作用较小。

第一二大股东持股比除对机械、设备、仪表业(C7)和采掘业(B0)企业技术创新没有显著制约作用外,其他各行业第一二大股东持股比的弹性系数为负且绝对值都是最大的,说明股权集中成为影响我国出口企业技术创新的最大制约因素。出口企业分散股权,会大大促进出口企业技术创新产出。

对于纺织、服装和皮毛业(C1),研发资本投入、技术工人数量、技术装备水平和出口额对纺织、服装和皮毛业企业技术创新都有促进作用,但技术装备水平的作用更为重要。对于石油、化学和塑胶塑料制造业(C4),国有控制企业和股权集中不利于企业技术创新产出,技术工人数量、研发资本投入、企业冗余资源和出口对石油、化学和塑胶塑料制造业企业具有促进作用,企业冗余资源的促进作用最大。对于电子元器件制造业(C5),国有股权比例和第一二大股东持股比对企业技术创新产出具有抑制作用,研发资本投入、技术工人数量和企业冗余资源对企业技术创新产出具有促进作用,企业冗余资源的作用强度最大。对于金属和非金属制造业(C6),国有股权比例和第一二大股东持股比对企业技术创新产出具有抑制作用,研发资本投入和企业技术装备水平会促进企业技术创新产出,企业技术装备的作用更大。对于机械、设备和仪表业(C7),研发资本投入、企业冗余资源和技术装备水平对技术创新产出具有促进作用,企业冗余资源的促进作用最大,国有股权比例对企业技术创新产出具有抑制作用。对于医药、生物制造行业(C8),对企业的技术创新具有促进作用的是技术工人和企业技术装备水平,企业技术装备水平的作用更大,第一二大股东持股比对企业技术创新产出具有抑制作用。对于采掘业(B0),研发资本投入、企业技术装备水平和出口对技术创新产出具有促进作用,技术装备水平作用最大,国有股权比例和市场势力指数对企业技术创新有显著制约作用,市场势力的制约作用更强。对于建筑业(E0),研发资本投入、技术工人、企业冗余资源和企业技术装备水平对技术创新产出具有促进作用,技术装备水平作用最大,国有股权比例和第一二大股东持股比对企业技术创新产出具有抑制作用。对于通信和信息技术业(G8),企业冗余资源和企业技术装备水平对技术创新产出具有促进作用,技术装备水平作用较大,国有股权比例、第一二大股东持股比和市场势力指数对技术创新具有抑制作用,第一二大股东持股比最大,国有股权比例作用最小。

从各行业各变量对技术创新产出作用强度看,研发资本投入对采掘业(B0)的促进作用最大,对金属和非金属业制造业(C6)的促进作用最小;技术工人数量对建筑业(E0)的促进作用最大,对医药、生物制品行业(C8)促进作用最小;企业冗余资源对电子元器件制造业(C5)的促进作用最大,对通信和信息技术业(G8)的促进作用最小;企业技术装备水平对金属和非金属业制造业(C6)的促进作用最大,对通信和信息技术业(G8)的促进作用最小;第一二大股东持股比例对建筑业(E0)的抑制作用最大,对石油、化学和塑胶、塑料制造业(C4)的抑制作用最小;国有股权比例对电子元器件制造业(C5)的抑制作用最大,对石油、化学和塑胶、塑料制造业(C4)的抑制作用最小;市场势力指数对采掘业(B0)和通信和信息技术业(G8)技术创新产出具有显著抑制作用,对采掘业(B0)的抑制作用更大;出口额对纺织、服装和皮毛行业(C1)促进作用最大,对机械、设备、仪表业(C7)的促进作用最小。

第五章
出口企业技术创新
企业异质性特征研究

本部分按照已选取的出口企业行业分类,选取这些行业的FDI 企业和非出口企业作为对照样本,并将出口企业进一步细分为出口非 FDI 企业和出口且 FDI 企业,比较研究出口企业技术创新的企业异质性特征。

一、样本选取与数据来源

按照已选取的出口企业行业分类,确定这些行业的 FDI 企业和非出口企业作为对照样本。其中,外向 FDI 企业是在国外建有子公司或是控股公司的沪深股市上市企业,非出口企业就是这些行业除出口企业外的其他企业,剔除存在股票停牌、终止上市、数据不全的企业和部分财务指标明显异常的上市企业。

经过筛选,确定了研究的对照样本。选取作为对照的非出口企业样本总量为 319 家,7 年共 2 233 个观察值;作为对照的FDI 企业样本总量为 175 家,7 年共 1 225 个观察值;总样本总量为 792 家,7 年共 5 544 个观察值(见表 5-1)。

表 5-1　样本企业的行业分布情况

行　　业	出口	非出口	FDI	总样本
纺织、服装和皮毛行业(C1)	42	11	16	53
石油、化学和塑胶、塑料业(C4)	80	54	19	134
电子元器件制造业(C5)	57	11	18	68
金属和非金属业制造业(C6)	71	35	26	106
机械、设备、仪表业(C7)	128	76	37	204
医药、生物制品行业(C8)	32	52	18	84
采掘业(B0)	16	22	15	38
建筑业(E0)	11	14	6	25
通信、信息技术业(G8)	36	44	20	80
合计	473	319	175	792

数据来源:作者根据 Wind 数据库数据整理

　　本研究数据主要来源于中国国家知识产权局网站、国泰安数据库、Wind 数据库以及所选样本企业网站和年报。

二、出口企业技术创新产出的 企业异质性特征 ●●➡

(一)出口企业技术创新产出的企业 异质性分布

　　通过中国国家知识产权局网站获得了样本企业及其参照组截至 2011 年末(查阅时间截止到 2012 年 5 月)在中国国内累计

申请的有效专利数量,结果如图 5-1 所示。

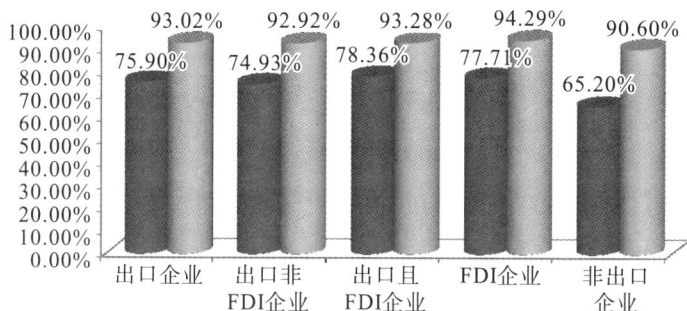

图 5-1　各类型企业已申请专利的样本比例分布

数据来源:作者根据中国国家知识产权局网站数据整理

从图 5-1 所示情况来看,2005 年,出口企业已申请过专利的企业比为 75.90%,低于 FDI 企业的 77.71%,远高于非出口企业的 65.20%。从出口企业内部看,出口且 FDI 企业已申请过专利的企业比为 78.36%,高于出口非 FDI 企业 74.93%,出口且 FDI 企业已申请过专利的企业比也高于 FDI 企业比。2011 年,出口企业已申请过专利的企业比为 93.02%,低于 FDI 企业的 94.29%,高于非出口企业的 90.60%。从出口企业内部看,出口且 FDI 企业已申请过专利的企业比为 93.28%,高于出口非 FDI 企业的 92.92%。不论是 2005 年还是 2011 年,出口企业已申请过专利的企业比都低于 FDI 企业比,高于非出口企业比;出口企业内部,出口且 FDI 企业已申请过专利的企业比高于出口非 FDI 企业比。

与 2005 年相比,2011 年拥有有效专利的出口企业、出口非 FDI 企业、出口且 FDI 企业、FDI 企业、非出口企业的比例分别提高了 17.12%、17.99%、14.93%、16.57%、25.39%,可以看出拥有有效专利的各类型企业比例都有大幅度提高,提高比例从大到小排列依次为:非出口企业、出口非 FDI 企业、出口企业、FDI 企业和出口且 FDI 企业,增长速度与 2005 年各类型企业已申请过专利的企业比水平呈反向变动关系。中国企业已基本具备了技术创新的意识,中国企业进行技术创新的动力和能力都有所加强。

(二)出口企业技术创新集中度的企业异 质性特征

本研究将出口企业累计申请专利的数量划分为 4 个区间:累计申请有效专利件数小于 10、累计申请有效专利件数 10~50、累计申请有效专利件数 50~100 和累计申请有效专利件数大于或等于 100。图 5-2 和图 5-3 反映了 2005 年和 2011 年各类型样本企业累计申请有效专利量的区间分布。

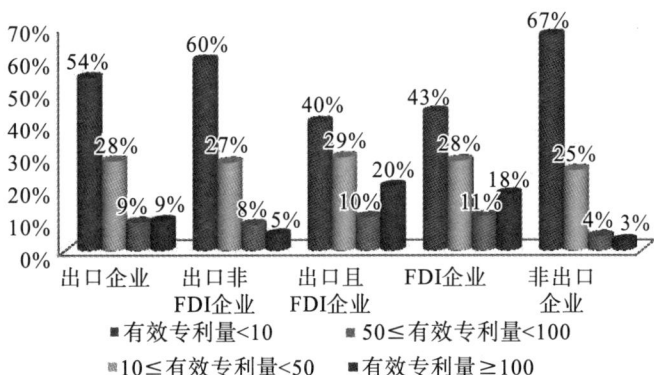

图 5-2 2005 年各类型企业累计申请有效专利量的区间分布
数据来源:作者根据中国国家知识产权局网站数据整理

从图 5-2 我们可以看到,2005 年,累计申请有效专利件数小于 10 的企业在各种类型企业中占有比例都是最大的,都在 40％以上;累计申请有效专利件数 10～50 的企业在各种类型中所占的比例都在 25％以上;累计申请有效专利件数 100 件以上的企业在各种类型中的比重显示出了较大的差异,较高的出口且 FDI 企业和 FDI 企业分别达到了 20％和 18％,而非出口企业仅为 3％,不仅跨度大,而且各类型企业分布不均。从区间整体分布看,2005 年企业拥有的有效专利数目主要集中在 50 件以下。

与 2005 年相比,2011 年各类型企业累计申请有效专利件数小于 10 的企业比例都大幅下降,而累计申请有效专利件数大于或等于 50 的企业比例上升。特别地,累计申请有效专利数 100 件以上的企业比例增长幅度除非出口企业最低为 15％外,其余各类型企业都超过了 21％,最高的出口且 FDI 企业甚至达到了 32％,这说明中国企业越来越重视专利发展,整体专利分布水平提高。

值得注意的是,2011 年非出口企业和出口非 FDI 企业累计申请专利数主要集中在 10～50 件的区间,而出口企业、FDI 企业和出口且 FDI 企业的累计申请专利数主要集中在大于或等于 100 件的区间,这说明累计申请有效专利数分布在各类型企业间存在差异,非出口企业以及出口非 FDI 企业的累计申请专利数还有待提高。

从图 5-2 和图 5-3 我们可以看到,2005 年和 2011 年企业累计申请专利件数小于 10 的企业占比从大到小顺序都为:非出口企业、出口非 FDI 企业、出口企业、FDI 企业和出口且 FDI 企业,而企业累计申请专利件数大于 100 的顺序则都发生了翻转,这说明中国企业国际化程度越高,企业累计申请专利量越大。

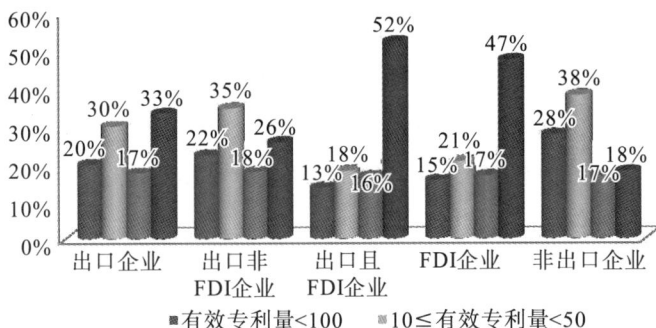

图 5-3 2011 年各类型企业累计申请有效专利量的区间分布
数据来源:作者根据中国国家知识产权局网站数据整理

虽然 2011 年 93% 以上的样本企业都申请过专利,但各企业间申请专利数量差异较大。截至 2011 年末,出口样本企业累计申请专利数的 22% 集中在中兴通讯,出口样本企业累计申请专利数的 34% 集中在中兴通讯、中国石油、宝钢股份和青岛海尔这四家企业中,说明目前样本出口企业累计申请专利集中在少数技术创新能力较强的企业中,按贝恩的分类,属于中集中寡占型。

为了深入分析企业技术创新的集中度,本研究计算了 2005 年和 2011 年各类型企业前一个最大的企业和前四个最大企业的累计申请有效专利占有率(见图 5-4 和图 5-5)。

2005 年,各类型企业按前一个最大的企业申请专利量比率从低到高排列依次为:出口企业、FDI 企业、出口且 FDI 企业、出口非 FDI 企业和非出口企业,比率分别为 13%、21.92%、22.45%、24% 和 45%;前四个最大的企业申请专利量比率从低到高的排列顺序依次为:出口企业、出口非 FDI 企业、出口且 FDI 企业、FDI 企业和非出口企业,比率分别为 34%、41%、

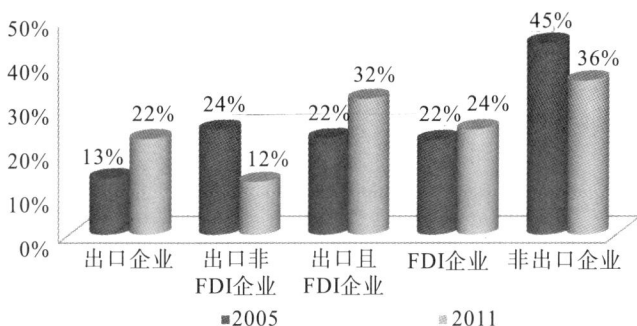

图 5-4   2005 与 2011 年前一个最大的企业申请专利量比率

数据来源：作者根据中国国家知识产权局网站数据整理

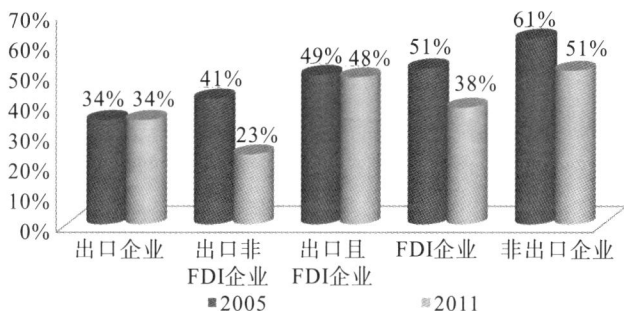

图 5-5   2005 与 2011 年前四个最大的企业申请专利量比率

数据来源：作者根据中国国家知识产权局网站数据整理

49％、51％和 61％。不论是前一个最大的企业申请专利量比率还是前四个最大的企业申请专利量比率，最高的均为非出口企业，其次是 FDI 企业，最低的是出口企业。出口企业内部，2005年出口非 FDI 企业的前一个最大的企业申请专利量比率大于出口且 FDI 企业，但前四个最大的企业申请专利量比率却是出口且 FDI 企业大于出口非 FDI 企业。

2011年与2005年比较,2011年出口企业和FDI企业前一个最大的企业申请专利量比率都有所上升,非出口企业的比率下降;出口企业内部,出口且FDI企业的前一个最大的企业申请专利量比率上升,而出口非FDI企业的比率下降;前四个最大的企业申请专利量比率除出口企业的比率微弱地上升了0.03个百分点外,其他类型企业的前四个最大的企业申请专利量比率均有不同程度的下降,从前四个最大的企业申请专利量比率看,2011年中国企业总体上专利集中度相对2005年下降了。

但是即便如此,从2011年的两项比率绝对值看,中国各类型企业的专利集中度仍然较高,前一个最大的企业申请专利量比率均在12%以上,前四个最大的企业申请专利量比率均在23%以上,技术创新垄断程度较高,其中属非出口企业专利集中现象最为严重。由此可见,尽管中国企业越来越重视专利发展,但专利发展仍然很不平衡,专利申请量高度集中于少数大企业中,企业技术创新水平参差不齐的现象极为严重,这可能会阻碍中国企业技术创新的步伐。同时,非出口企业由于外向国际化程度低,可能存在较强的技术创新垄断性和较弱的技术外溢效应与模仿创新效应,技术创新能力基本集中于少数大型企业手中,中小企业技术创新发展受到很大遏制。

从更为普遍使用的前四个最大的企业申请专利量比率看,2011年中国出口企业整体的集中度低于出口且FDI企业、FDI企业和非出口企业,但前四个最大的企业申请专利量比率仍然达到了34%的水平,按贝恩的分类,属于中集中寡占型。

(三)出口企业技术创新产出结构的异质性

为了更全面地了解中国出口企业技术创新的异质性,本书对 2005 年和 2011 年各类型样本企业累计申请的发明专利、实用新型专利和外观设计专利分别进行了统计,结果如图 5-6 和图 5-7 所示。

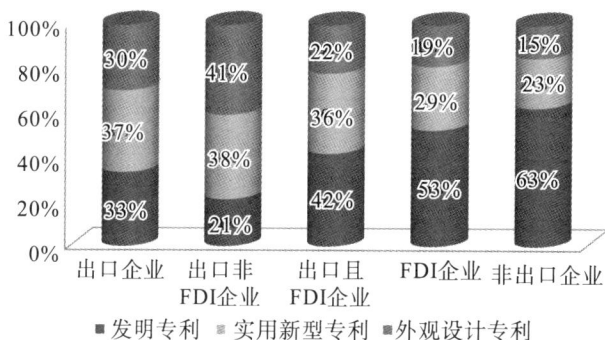

图 5-6 2005 年企业累计有效专利结构图

数据来源:作者根据中国国家知识产权局网站数据整理

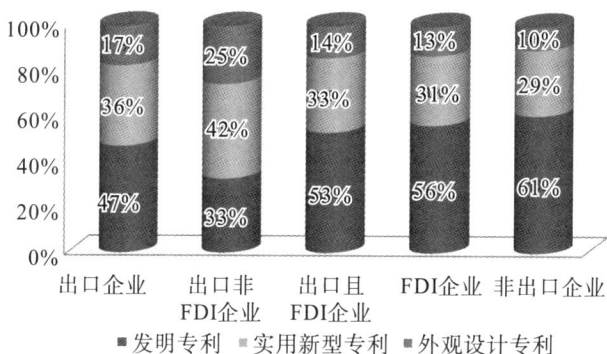

图 5-7 2011 年企业累计有效专利结构图

数据来源:作者根据中国国家知识产权局网站数据整理

从图5-6和图5-7我们可以看出,出口企业的专利结构分布与其他各类型企业相比存在企业异质性。

从图5-6所示情况来看,2005年,出口企业技术含量较高的发明专利占企业累计有效专利比率为33%,低于非出口企业的63%和FDI企业的53%;在出口企业内部,出口且FDI企业的发明专利占企业累计有效专利的比例为42%,高于出口非FDI企业的21%,但均低于非出口企业和FDI企业的比率。实用新型专利比率出口企业为37%,高于非出口企业的23%和FDI企业的29%;在出口企业内部,出口且FDI企业的实用新型专利占企业累计有效专利的比例为36%,低于出口非FDI企业的38%,但均高于非出口企业和FDI企业的比率。外观设计专利出口企业为30%,高于非出口企业的15%和FDI企业的19%;在出口企业内部,出口且FDI企业的外观设计专利占企业累计有效专利的比例为22%,低于出口非FDI企业的41%,但均高于非出口企业和FDI企业的比率。

与2005年相比较,2011年各类型企业在三种专利数量上都有大幅度增长,出口企业发明专利年均增长45.99%,高于非出口企业年均增长的20.22%和FDI企业年均增长38.83%的水平;在出口企业内部,出口且FDI企业发明专利年均增长48.21%,高于出口非FDI企业的38.88%,且均高于非出口企业和FDI企业。2011年出口企业实用新型专利年均增长35.12%,高于非出口企业年均增长的27.35%的水平,但低于FDI企业年均增长38.82%的水平;在出口企业内部,出口且FDI企业实用新型专利年均增长38.74%,高于出口非FDI企业的29.55%,且高于非出口企业但低于FDI企业。2011年出口企业外观设计专利年均增长22.36%,高于非出口企业年均增长的12.24%,但低于FDI企业年均增长27.13%的水平;在出口企业内部,出口且 FDI 企业外观设计专利年均增长29.24%,高于出口非 FDI 企业的年均增长 15.84%,且高于非出口企业和 FDI 企业。三种专利的增长幅度不尽相同,从而导致专利结构发生变化。

与 2005 年相比较,2011 年除非出口企业发明专利比率下降 2%以外,出口企业和 FDI 企业发明专利比率均上升,出口企业发明专利比率上升 14%,FDI 企业发明专利比率上升 3%,出口企业中的出口非 FDI 企业和出口且 FDI 企业发明专利比率都上升,分别上升 12%和 11%。2011 年出口企业实用新型专利比率下降 1 个百分点,而非出口企业和 FDI 企业实用新型专利比率分别上升 6 个百分点和 2 个百分点;在出口企业内部,出口非 FDI 企业上升了 4 个百分点,出口且 FDI 企业下降了 3 个百分点。2011 年各类企业外观设计专利比例均有下降,出口非 FDI 企业下降最多,为 16%,也将出口企业整体的外观设计专利比例拉下来,出口企业整体的外观设计专利比例下降 13%,出口且 FDI 企业下降 8%,下降幅度均大于非出口企业的 5%和 FDI 企业的 6%。

2011 年除出口非 FDI 企业专利从以外观设计专利为主转变为实用新型专利为主外,其他类型企业的发明专利比例最大。出口企业整体专利结构转变尤为明显,由原来以实用新型专利为主的结构转变为以发明专利为主的结构。这说明,中国出口企业越来越重视技术创新的重要性,技术水平不断提高,企业积极从事产品的技术革新和开发新产品等技术含量高的技术创新活动。同时,FDI 企业和出口且 FDI 企业这两种外向国际化程度较高的企业在高技术创新专利的比例上要大于出口非 FDI 企业。可喜的是,非出口企业也重视技术创新,2011 年技术含量最高的发明专利占比高达 61%。值得注意的是出口非 FDI

企业的专利结构中,技术含量最高的发明专利仅占33%,不仅低于FDI企业和出口且FDI企业,且低于非出口企业。

从各类型专利均值看(见图5-8和图5-9),2005年,出口企业的发明专利均值为20件,低于FDI的69件和非出口企业的22件;出口企业实用新型专利和外观设计专利均值分别为22件和17件,低于FDI的38件和25件,高于非出口的8件和5件。出口企业内部,出口非FDI企业的发明专利均值、实用新型专利均值和外观设计专利均值分别为7件、13件和14件,远低于出口且FDI企业的51件、44件和27件。在各类型企业中,出口非FDI企业的发明专利均值是最低的,出口非FDI企业的实用新型专利均值和外观设计专利均值高于非出口企业,但低于FDI企业;出口且FDI企业的实用新型专利均值和外观设计专利均值高于FDI企业,发明专利均值低于FDI企业。

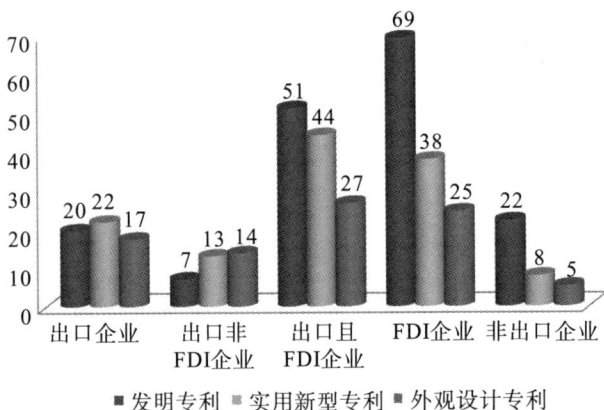

图5-8 2005年企业各类型专利均值图

数据来源:作者根据中国国家知识产权局网站数据整理

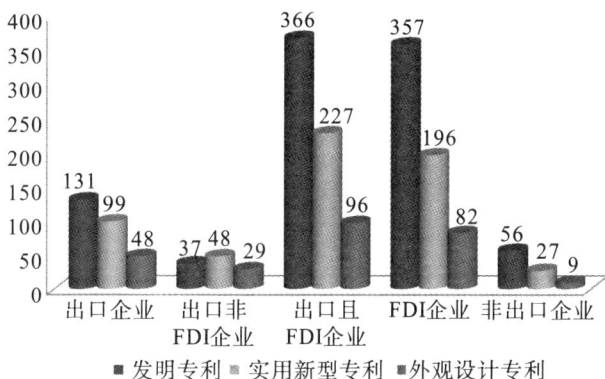

图 5-9　2011 年企业各类型专利均值图

数据来源:作者根据中国国家知识产权局网站数据整理

　　2011 年出口企业发明专利均值、实用新型专利均值和外观设计专利均值分别为 131 件、99 件和 48 件,各类专利均值低于 FDI 企业,但高于非出口企业(见图 5-9)。出口企业内部,2011 年出口且 FDI 企业的发明专利均值、实用新型专利均值和外观设计专利均值分别达到了 366 件、227 件和 96 件,远高于非出口企业的 37 件、48 件和 29 件的水平,也高于 FDI 企业的 357 件、196 件和 82 件和非出口企业的 56 件、27 件和 9 件,是所有类型企业中各类专利均值最高的;但出口非 FDI 企业的发明专利均值、实用新型专利均值和外观设计专利均值分别仅为 37 件、48 件和 29 件,出口非 FDI 企业的发明专利均值在所有类型企业中是最小的,实用新型专利均值和外观设计专利均值仅高于非出口企业。

　　2011 年较 2005 年,各类型企业各项专利均值都有增加,各项专利都得到了较好的发展,中国企业技术创新水平总体上提高了,但增加幅度却有着很大区别。出口企业全样本的发明专利均值、实用新型专利均值和外观设计专利均值分别增加了111件、77件和31件,高于非出口企业各项专利的增加幅度,但低于FDI企业的增加幅度;出口企业内部,出口且FDI企业的发明专利均值、实用新型专利均值和外观设计专利均值分别增加了315件、183件和69件,远高于出口非FDI企业的发明专利均值、实用新型专利均值和外观设计专利均值的30件、35件和15件的增加幅度,也高于FDI企业和非出口企业的各类专利均值增加幅度,出口且FDI企业的各类专利增加幅度在所有类型企业中是最大的。与2005年相比,2011年出口企业专利结构中除了发明专利均值高于非出口企业、出口且FDI企业的发明专利均值、实用新型专利均值和外观设计专利均值在所有类型企业中达到最大的变化外,其他特征变化不大,这说明从平均水平看,各类型企业三种专利存在差异,且这种差异具有相对稳定性。同时,出口且FDI和FDI企业的技术创新水平发展较快,而出口非FDI企业的技术创新水平发展严重不足。

三、出口企业技术创新投入的
　　企业异质性特征 ●●➡

(一)企业研发资本投入的企业异
　　　质性特征

　　充足的资本是企业技术创新必不可少的条件。影响企业技术创新产出的是研发资本存量,年报中未直接公布该数据。研

发资本存量的计算公式见第三部分的公式 3-1、公式 3-2 和公式
3-3。

从企业研发资本投入均值看(见图 5-10),2005 年和 2011
年出口企业的研发资本分别为 14 000 000 元和 96 900 000 元,
低于 FDI 企业的 40 300 000 元和 215 000 000 元,2005 年低于
非出口企业的 16 600 000 元,2011 年高于非出口企业的
62 100 000元。出口企业内部,2005 年和 2011 年出口且 FDI 企
业的研发资本分别为 28 300 000 元和 190 000 000 元,高于非出
口企业,低于 FDI 企业,值得注意的是,出口非 FDI 企业 2005
年和 2011 年研发资本分别为 8 387 942 元和 59 900 000 元,不
仅低于 FDI 企业和出口且 FDI 企业,而且低于非出口企业。

从研发资本增长率看,2005—2011 年研发资本年均增长率
从高到低依次为:出口非 FDI 企业、出口企业、出口且 FDI 企
业、FDI 企业和非出口企业,年均增长率分别为 38.76%、
38.05%、37.35%、32.19%和 24.59%,各类企业的研发资本投
入均值都有大幅上升,出口类企业增长相对更快。

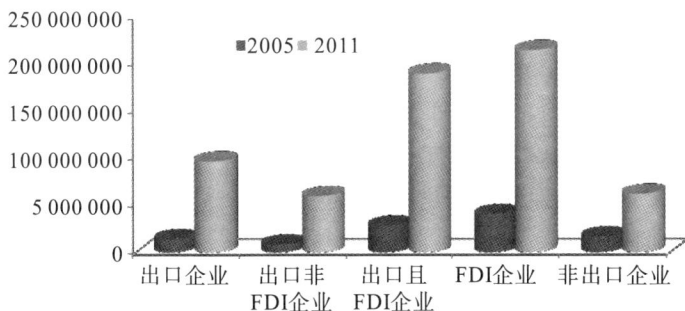

图 5-10　企业研发资本投入均值(单位:元)
数据来源:作者根据样本公司企业年报数据整理

从研发强度均值看(见图 5-11),2005 年和 2011 年出口企业研发强度均值分别为 0.74%和 1.19%,高于 FDI 企业的 0.54%和 1.14%,低于非出口企业的 2.15%和 1.54%;出口企业内部,出口非 FDI 企业 2005 年和 2011 年研发强度均值分别为 0.85%和 1.24%,高于出口且 FDI 企业的 0.46%和 1.07%。2005 年和 2011 年,五类企业按研发强度从大到小排列的顺序依次是:非出口企业、出口非 FDI 企业、出口企业、FDI 企业和出口且 FDI 企业。

但值得一提的是,这个排列顺序同样也是企业研发强度增长幅度从小到大的排列顺序。出口且 FDI 企业的研发强度最低,2005 年和 2011 年分别为 0.46%和 1.07%,却是增长最快的企业类型,6 年来增长了 0.61%;而研发强度最大的非出口企业,但却是唯一出现研发强度下降的企业,下降幅度也是 0.61%。可以看出,各类型企业 6 年来,总体上研发强度是增强了,特别是外向国际化程度高的企业,但研发强度整体水平依旧较低,还需继续提高研发的强度。

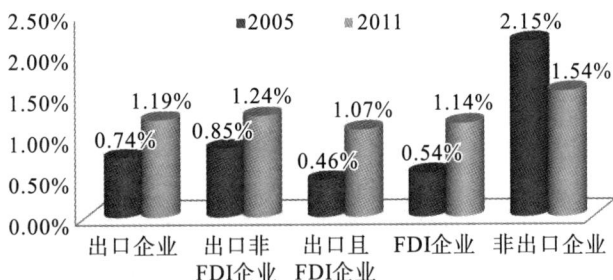

图 5-11 各类型企业研发强度均值

数据来源:作者根据样本公司企业年报和国泰安数据库数据整理

(二)企业技术员工投入的企业异质性特征 ....

　　企业技术创新能力的产生、形成和作用发挥是人类社会实践的结果,因此对技术创新能力的分析离不开人的因素。企业技术员工投入是企业技术创新能力的基础和最本质的表现形式。站在资源观的角度,人力资源是有价值的、稀缺的、难以模仿和替代的,其本身就是企业可持续竞争优势的来源。对于企业技术员工投入的指标,本书用技术员工的数目来衡量。本部分将研究企业技术员工投入的企业异质性特征。

　　如图 5-12 所示,2005 年和 2011 年出口企业技术工人数量均值分别为 617 人和 1 338 人,低于 FDI 企业的 1 366 和 2 814 人,高于非出口企业的 553 人和 1 196 人;出口企业内部,出口非 FDI 企业 2005 年和 2011 年技术工人数量均值分别为 389 人和 950 人,低于出口且 FDI 企业的 1 193 人和 2 321 人。2005 年和 2011 年,五类企业按技术工人数量均值从大到小排列的顺序依次是:FDI 企业、出口且 FDI 企业、出口企业、非出口企业和出口非 FDI 企业。

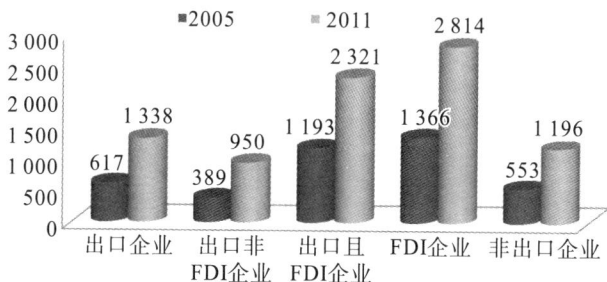

图 5-12　企业技术工人数均值图(单位:人)

数据来源:作者根据样本公司企业年报数据整理

从 2005 年到 2011 年,五大类企业的技术工人数量均值都有增长,6 年间年增长率最高的是出口非 FDI 企业,为 16%,最低的是出口且 FDI 企业,其年均增长率也达到了 11.7%。说明总体上,企业中技术工人数量不断增加,各类企业已开始重视技术工人这方面的投入。虽然各类型企业技术工人数量均值的年增长率相差不大。但从拥有的均值数来看,各类企业还是存在很大的差别。2005 年和 2011 年,技术工人数量均值最多的是 FDI 企业,出口且 FDI 企业次之,这两类企业的技术工人数量均值数远大于其他三类企业。FDI 企业的技术工人数量均值数 2005 年为 1 366 人,到 2011 年则达到了 2 814 人,2011 年 FDI 企业拥有技术工人数量的均值是技术工人数量均值最少的出口非 FDI 企业的 2.96 倍。

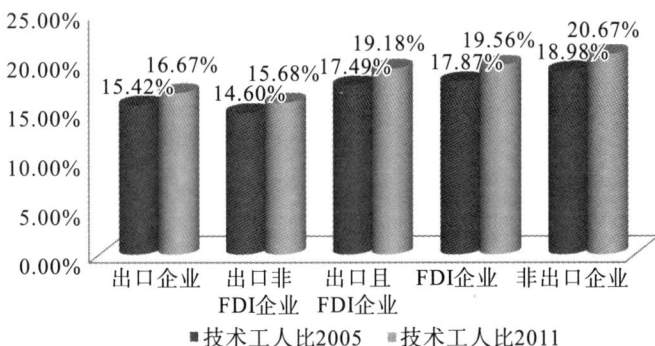

图 5-13　企业平均技术工人比重

数据来源:作者根据样本公司企业年报和国泰安数据库数据整理

从技术员工占企业员工数量的比例来看,如图 5-13 所示,各类型企业平均技术工人比例没有相差十分悬殊,非出口企业的技术工人数量比例稍多一些,2005 年为 18.98%,2011 年为

20.67％,而比例最少的出口非 FDI 企业 2005 年为 14.60％,到
2011 年也达到了 15.68％。2011 年与 2005 年相比,6 年间,五
大类企业技术工人比例增长的百分比都只在 1％到 2％之间,增
长速度十分缓慢。这说明,与技术工人数目增长速度相比,技术
工人比例的增长速度则小了很多,这说明了随着各类型企业从
业员工数目的增加,技术工人的比例没有显著地提高,出口企业
从业人员的整体素质并未有明显的提高。

本章小结

　　本章运用 2005—2011 年出口企业与对照组——非出口企
业和 FDI 企业——的数据,且将出口企业细分为出口且 FDI 企
业和出口非 FDI 企业,实证研究了出口企业技术创新的企业异
质性特征。实证研究主要从两个方面展开,一方面研究了出口
企业技术创新产出的企业异质性特征,另一方面研究了出口企
业技术创新投入的企业异质性特征。
　　1.出口企业技术创新产出的企业异质性特征
　　通过对中国出口企业技术创新企业异质性特征分析,不论
是 2005 年还是 2011 年,出口企业已申请过专利的企业比都低
于 FDI 企业,高于非出口企业;出口企业内部,出口且 FDI 企业
已申请过专利的企业比高于出口非 FDI 企业,出口且 FDI 企业
和出口非 FDI 企业拥有有效专利的企业比都低于 FDI 企业,高
于非出口企业。与 2005 年相比,2011 年拥有有效专利的各类
型企业比例都有大幅度提高,提高幅度与拥有有效专利的企业
占比呈反向变动。中国企业已基本具备了技术创新的意识,中
国企业进行技术创新的动力和能力都有所加强。出口企业已申
请过专利的企业比低于 FDI 企业,高于非出口企业。

从集中度看,与 2005 年相比,2011 年各类型企业累计申请有效专利件数小于 10 的企业比例都大幅下降,而累计申请有效专利件数大于或等于 50 的企业比例上升。这说明中国企业越来越重视专利发展,整体专利分布水平提高。值得注意的是,2011 年出口非 FDI 企业累计申请专利数主要集中在 10~50 件的区间,而出口企业、FDI 企业和出口且 FDI 企业的累计申请专利数主要集中在大于或等于 100 件的区间,出口非 FDI 企业的累计申请专利数还有待提高。2005 年和 2011 年企业累计申请专利件数小于 10 的企业占比从大到小顺序都为:非出口企业、出口非 FDI 企业、出口企业、FDI 企业和出口且 FDI 企业,而企业累计申请专利件数大于 100 的顺序则都发生了翻转,这说明中国企业外向国际化程度越高,企业累计申请专利量越大。

截至 2011 年末,出口样本企业累计申请专利数的 22% 集中在中兴通讯,出口样本企业累计申请专利数的 34% 集中在中兴通讯、中国石油、宝钢股份和青岛海尔这四家企业中,说明目前样本出口企业累计申请专利集中在少数技术创新能力较强的企业中。

2011 年与 2005 年比较,2011 年前四个最大的企业申请专利量比率除出口企业的比率微弱地上升了 0.03 个百分点外,其他类型企业的前四个最大的企业申请专利量比率均有不同程度的下降,2011 年中国企业总体上专利集中度相对 2005 年下降了。但 2011 年中国各类型企业的专利集中度仍然较高,前四个最大的企业申请专利量比率均在 23% 以上,技术创新垄断程度较高。尽管中国企业越来越重视专利发展,但专利发展仍然很不平衡,专利申请量高度集中于少数大企业中,企业技术创新水平参差不齐的现象极为严重,这可能会阻碍中国企业技术创新的步伐。从普遍使用的前四个最大的企业申请专利量比率看,

2011 年中国出口企业整体的集中度低于出口且 FDI 企业、FDI 企业和非出口企业,但前四个最大的企业申请专利量比率仍然达到了 34% 的水平,按贝恩的分类,属于中集中寡占型。

从专利结构看,与 2005 年相比较,2011 年各类型企业在三种专利数量上都有大幅度增长,出口企业发明专利年均增长高于非出口企业和 FDI 企业的年均增长,实用新型专利和外观设计专利年均增长均高于非出口企业,但低于 FDI 企业的年均增长水平。在出口企业内部,出口且 FDI 企业的发明专利和实用新型专利年均增长高于出口非 FDI 企业,且均高于非出口企业和 FDI 企业,出口且 FDI 企业实用新型专利年均增长高于出口非 FDI 企业,且高于非出口企业但低于 FDI 企业。但三种专利的增长幅度不尽相同,从而导致专利结构发生变化。

2011 年除出口非 FDI 企业专利从以外观设计专利为主转变为实用新型专利为主外,其他类型企业的发明专利比例最大。出口企业整体专利结构转变尤为明显,由原来以实用新型专利为主的结构转变为以发明专利为主的结构。这说明,中国出口企业越来越重视技术创新的重要性,技术水平不断提高,企业积极从事产品的技术革新和开发新产品等技术含量高的技术创新活动。同时,FDI 企业和出口且 FDI 企业这两种外向国际化程度较高的企业在发明专利的比例上要大于出口非 FDI 企业。值得注意的是出口非 FDI 企业的专利结构,技术含量最高的发明专利仅占 33%,不仅低于 FDI 企业和出口且 FDI 企业,且低于非出口企业。

2011 年较 2005 年,各类型企业各项专利均值都有增加,各项专利都得到了较好的发展,中国企业技术创新水平总体上提高了,但增加幅度却有着很大区别。出口企业全样本的发明专利均值、实用新型专利均值和外观设计专利均值高于非出口企业,但低于 FDI 企业的增加幅度;出口企业内部,出口且 FDI 企业的发明专利均值、实用新型专利均值和外观设计专利均值增加幅度远高于出口非 FDI 企业,也高于 FDI 企业和非出口企业的各类专利均值增加幅度,出口且 FDI 企业的各类专利增加幅度在所有类型企业中是增加幅度最大的。出口且 FDI 和 FDI 企业的技术创新发展较快,而出口非 FDI 企业的技术创新发展严重不足。

2.出口企业技术创新投入的企业异质性特征

从企业研发资本投入均值看,2011 年出口企业的研发资本存量,低于 FDI 企业但高于非出口企业;出口企业内部,出口且 FDI 企业的研发资本,高于非出口企业,低于 FDI 企业的,值得注意的是出口非 FDI 企业,不仅低于 FDI 企业的和出口且 FDI 企业,而且低于非出口企业。2005—2011 年各类企业的研发资本投入均值都有大幅上升,出口类企业增长快于 FDI 企业和非出口企业的增长。出口企业的研发强度高于 FDI 企业,但低于非出口企业;出口企业内部,出口非 FDI 企业研发强度均值高于出口且 FDI 企业。2005—2011 年总体上各类企业研发强度是增强了,特别是外向国际化程度高的企业,但研发强度整体水平依旧较低,还需继续提高研发的强度。

从技术工人投入看,2005 年和 2011 年出口企业技术工人数量均值低于 FDI 企业,但高于非出口企业;出口企业内部,出口非 FDI 企业的技术工人数量均值低于出口且 FDI 企业,且低于非出口企业和 FDI 企业。

从 2005 年到 2011 年,五大类企业的技术工人数量均值都有增长,说明企业中技术工人数量不断增加,各类企业已开始重视技术工人的投入。虽然各类型企业技术工人数量均值的年增长率相差不大。但从拥有的均值数来看,各类企业还是存在很大的差别。2005 年和 2011 年,技术工人数量均值最多的是 FDI 企业,出口且 FDI 企业次之,这两类企业的技术工人数量均值数远大于其他三类企业。

从技术员工占企业员工数量的比例来看,各类型企业平均技术工人数量比例没有十分悬殊的差距,非出口企业的技术工人数量比例稍多一些,这说明,与技术工人数目增长速度相比,技术工人数量比例的增长速度慢了很多,这说明了随着各类型企业从业员工数目的增加,技术工人数量的比例没有显著的提高,出口企业从业人员的整体素质并未有明显的提高。

第六章
出口企业技术创新影响
因素企业异质性研究

本部分对出口企业技术创新影响因素企业异质性进行实证研究,从研发投入和厂商特质来探求出口企业技术创新影响因素的企业异质性特征。

一、研究设计

根据第二部分企业技术创新的理论分析,企业技术创新的主要影响因素为研发资本投入和研发人力投入、企业冗余资源、企业的技术装备程度、国有股权比例、股权集中度、市场势力和企业规模,本部分实证研究以上述变量为解释变量,以各类型企业技术创新产出为被解释变量,各变量的取值和定义见表4-1。

本部分建立的实证模型与第四部分建立的实证模型式4-5相同,见式6-1,分析出口企业技术创新影响因素的企业异质性。

$$\ln P_{it} = \alpha + \beta_1 \ln RD_{it} + \beta_2 \ln SW_{it} + \beta_3 \ln IY_{it} + \beta_4 \ln FA_{it} + \beta_5 \ln SOS_{it} +$$
$$\beta_6 \ln SHS_{it} + \beta_7 \ln MF_{it} + \beta_8 \ln EX_{it} + \varepsilon_{it} \qquad (6-1)$$

下文将根据实证模拟的结果,在上述模型的基础上选择合适的模型进行实证分析。

　　所选用样本依然采用第五章的样本,数据处理采用第四章的处理方式。

　　计量模型采用的是对数形式,只有大于 0 的数取对数才有意义。在样本数据中,部分样本企业各年度累计获得的专利数、研发资本投入、技术工人数量、平均存货净额和国有股权比例数据数值为 0,为了保证取对数有意义,而且不失去经济学含义,本书组根据经济学上的正单调变换原理和知识生产函数系数的经济学含义,对于有数据为 0 的数值组,所有数值都加上一个微小量,使知识生产函数系数不失经济学含义又保证了取对数有意义。

　　本书采用上市公司的面板数据,个体差异较大,因而选用个体效应模型进行研究。用 stata11.0 软件对研究模型进行了个体效应面板数据回归分析,根据 Hausman 检验结果,选择固定效应或随机效应模型。为了保证结果的准确性,如果采用固定效应模型,用 Wooldridge 检验来检验是否存在序列相关,用 Pesaran's 检验来检验是否存在截面相关,用 Modified Wald 检验来检验是否存在截面异方差。如果检验的结果表明存在上述复杂情况,我们将采用 Driscoll-Kraay 标准误即 xtscc 模型对个体固定效应模型进行修正[1],以保证我们的实证结果真实可靠。

---

　　[1]　Hoechle D. Robust Standard Errors for Panel Regressions with Cross-sectional Dependence[J]. The Stata Journal. 2007,17(3):281—312.

二、出口企业技术创新影响因素
企业异质性描述性统计 ●●●➡

由于第五章中已对出口企业研发资本投入和技术工人数量的企业异质性做过研究,这里将不再分析研发资本投入和技术工人数量两个变量。

通过对不同类型企业影响因素数据的预处理,各变量的描述性统计见表 6-1、表 6-2、图 6-1、图 6-2、图 6-3、图 6-4、图 6-5 和图 6-6。

表 6-1　2005 年各变量均值和标准差统计

		lnIY	lnFA	lnSHS	lnSOS	lnMF	lnEX
出口企业	均值	8.31	8.59	1.73	1.11	2.11	7.44
	标准差	0.71	0.62	0.15	0.78	0.08	2.62
出口非 FDI	均值	8.25	8.53	1.73	1.18	2.10	7.30
	标准差	0.55	0.53	0.14	0.76	0.07	2.63
出口且 FDI	均值	8.46	8.73	1.75	0.94	2.12	7.79
	标准差	1.00	0.78	0.16	0.81	0.09	2.57
FDI	均值	8.43	8.73	1.74	0.99	2.14	—
	标准差	0.96	0.79	0.15	0.81	0.12	—
非出口企业	均值	8.07	8.38	1.73	1.08	2.16	
	标准差	0.91	0.70	0.15	0.80	0.16	

资料来源:作者据年报和国泰安数据库数据整理

比较表 6-1、表 6-2、图 6-1 和图 6-2,2011 年出口企业、出口非 FDI 企业、出口且 FDI 企业、FDI 企业和非出口企业平均存货净额取对数后的均值分别为 8.73、8.65、8.917、8.922 和 8.59,与 2005 年相比,各类企业都出现了大幅度的提高,说明各类型企业冗余资源都大幅度增加[①]。2011 年出口企业、出口非 FDI 企业、出口且 FDI 企业、FDI 企业和非出口企业平均固定资产净额取对数后的均值分别为 8.93、8.84、9.16、9.14 和 8.78,与 2005 年相比,各类企业都出现了增加的趋势,各类型企业技术装备水平都增加。

不论是 2005 年还是 2011 年,出口企业平均存货净额均值和平均固定资产净额均值都低于 FDI 企业,高于非出口企业;出口企业内部,出口且 FDI 企业的存货净额均值和平均固定资产净额均值都高于出口非 FDI 企业,但出口非 FDI 企业的存货净额均值和平均固定资产净额均值要高于非出口企业,存货净额均值和平均固定资产净额均值分布存在企业异质性。

表 6-2　2011 年各变量均指和标准差统计

		$\ln IY$	$\ln FA$	$\ln SHS$	$\ln SOS$	$\ln MF$	$\ln EX$
出口企业	均值	8.73	8.93	1.61	0.25	2.10	8.23
	标准差	0.74	0.65	0.17	0.51	0.08	1.99
出口非 FDI	均值	8.65	8.84	1.60	0.27	2.10	8.07
	标准差	0.54	0.58	0.16	0.53	0.08	2.02
出口且 FDI	均值	8.917	9.16	1.63	0.20	2.11	8.61
	标准差	1.07	0.75	0.20	0.45	0.07	1.85

[①]　数据取对数后,不会改变数据的单调性,因此,数据取对数后出现的趋势与原有数据趋势一致。

续表

		lnIY	lnFA	lnSHS	lnSOS	lnMF	lnEX
FDI	均值	8.922	9.14	1.63	0.22	2.13	—
	标准差	1.01	0.79	0.20	0.49	0.12	
非出口企业	均值	8.59	8.78	1.60	0.22	2.15	—
	标准差	0.82	0.67	0.18	0.49	0.14	

资料来源:作者据年报和国泰安数据库数据计算

　　不论是 2005 年还是 2011 年,出口企业的平均存货净额均值、平均固定资产净额与其他类型企业都存在较大差异。出口企业存货净额均值和平均固定资产净额均高于非出口企业、出口非 FDI 企业,低于出口且 FDI 企业和 FDI 企业,这一结果与企业异质性贸易理论相符,这说明我国企业外向国际化存在自我选择的特性。

　　由表 6-1、表 6-2 和图 6-2 可知,与 2005 年相比,2011 年各类型企业国有股权比例都有大幅度下降,2011 年各类型企业国有股权比例取对数后均值从高到低依次为:出口非 FDI 企业、出口企业、FDI 企业、非出口企业和出口且 FDI 企业,分别为 0.265、0.247、0.222、0.220 和 0.200,并未表现出与企业异质性贸易理论结论相符的现象,说明我国国有股权比例对企业异质性的作用有较为复杂的影响。

　　各类型企业 2011 年第一二大股东持股比取对数后的均值较 2005 年有所下降,降幅集中在 0.11 至 0.13 之间,出口企业全样本以及出口企业内部的出口非 FDI 企业和出口且 FDI 企业与 FDI 企业和非出口企业占比接近,差异不大,说明各类型企业股权集中度相似。各类型企业 2011 年市场势力取对数后的均值较 2005 年有小幅下降,下降幅度在 0.01 左右,出口企业

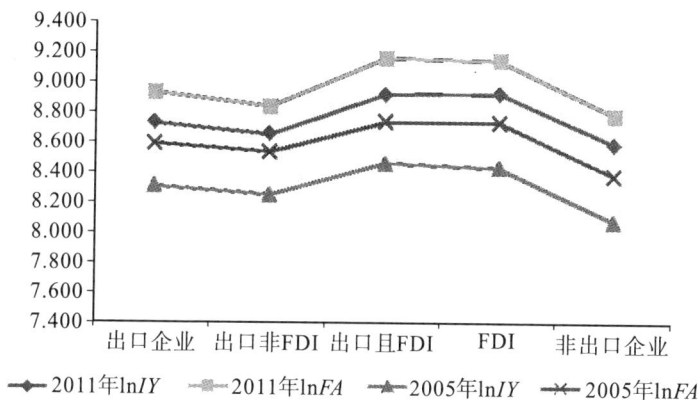

图 6-1　各类型企业影响因素均值图 A

资料来源:作者据年报和国泰安数据库数据计算

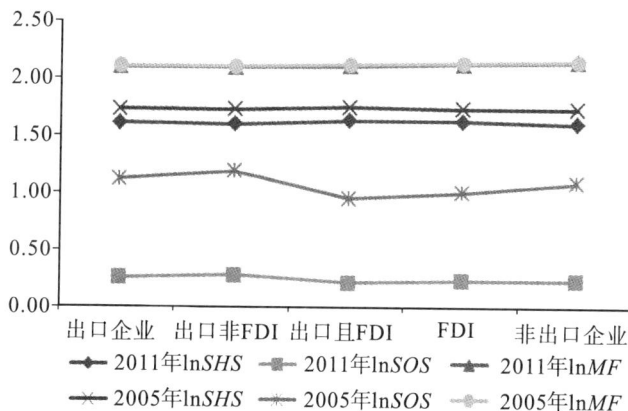

图 6-2　各类型企业影响因素均值图 B

资料来源:作者据年报和国泰安数据库数据计算

与其他类型企业市场势力有差异,但差异不大。

出口企业内部,各类型企业出口额取对数后的均值见图 6-3。从图 6-3 可知,不论是 2005 年还是 2011 年,出口且 FDI 企业的出口额取对数后的均值都大于出口非 FDI 企业的出口额取对数后的均值,且这种差异导致出口企业全样本出口额取对数后的均值大于出口非 FDI 企业小于出口且 FDI 企业。总体上看,出口且 FDI 企业的国际竞争力要大于出口非 FDI 企业。

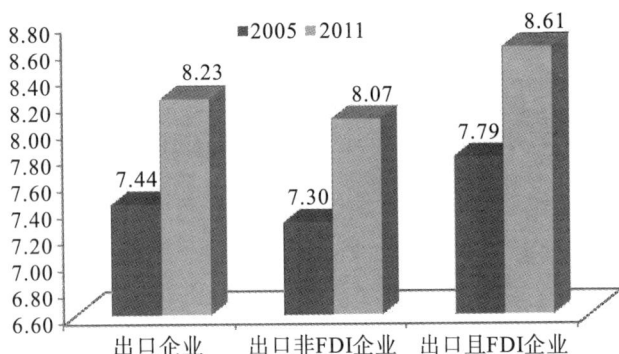

图 6-3　出口企业内部出口额对数均值图
资料来源:作者据年报和国泰安数据库数据计算

从标准差看(图 6-4 和图 6-5),不论是 2005 年还是 2011 年,各类型企业平均存货净额、平均固定资产净额和国有股权比例取对数的标准差都大于第一二大股东持股比例和市场势力取对数的标准差,说明各类型企业平均存货净额、平均固定资产净额和国有股权比例的差异较大,但 2011 年与 2005 年相比,各类型企业国有股权比例取对数的标准差均下降,说明国有股权比例的差异具有缩小趋势。

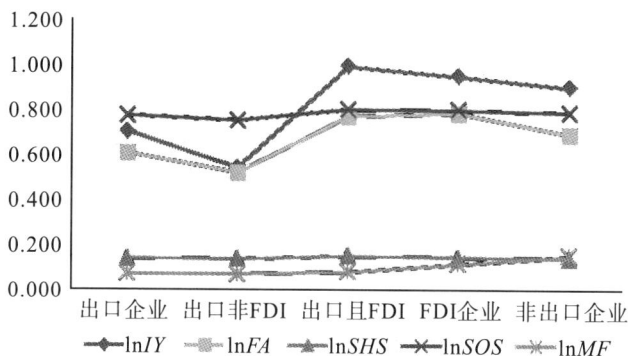

图 6-4　2005 年各类型企业影响因素标准差图
资料来源:作者据年报和国泰安数据库数据计算

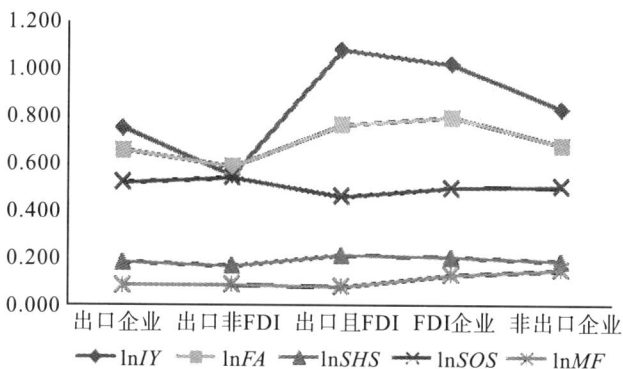

图 6-5　2011 年各类型企业影响因素标准差图
资料来源:作者据年报和国泰安数据库数据计算

　　2005 年和 2011 年出口企业平均存货净额取对数的标准差分别为 0.71 和 0.74,低于 FDI 企业的 0.96 和 1.01 以及非出口企业的 0.91 和 0.82,但出口且 FDI 企业的平均存货净额取对数的标准差分别为 1.00 和 1.01,大于 FDI 企业和非出口企业。

2005 年和 2011 年出口企业平均固定资产净额取对数的标准差分别为 0.62 和 0.65,低于 FDI 企业 0.79 和 0.79 以及非出口企业的 0.70 和 0.67,但出口且 FDI 企业的平均固定资产净额取对数的标准差分别为 0.78 和 0.75,小于 FDI 企业和大于非出口企业。

2005 年出口企业第一二大股东持股比例取对数的标准差为 0.146,低于 FDI 企业的 0.151,高于非出口企业的 0.145,但 2011 年出口企业第一二大股东持股比例取对数的标准差为 0.17,低于 FDI 企业的 0.20 和非出口的 0.18。出口企业内部不论是 2005 年还是 2011 年,出口且 FDI 企业第一二大股东持股比例取对数的标准差都大于 FDI 企业和非出口企业。

2005 年和 2011 年出口企业国有股权比例取对数的标准差分别为 0.78 和 0.51,2005 年低于 FDI 企业的 0.81 和非出口企业的 0.80,但 2011 年高于 FDI 企业的 0.489 和非出口企业的 0.494。出口企业内部,2005 年出口非 FDI 的国有股权比例取对数的标准差低于 FDI 企业和非出口企业,但 2011 年出口非 FDI 的国有股权比例取对数的标准差高于 FDI 企业和非出口企业。

2005 年和 2011 年出口企业市场势力指数取对数的标准差均为 0.078,远低于 FDI 企业 2005 年的 0.120 和 2011 年的 0.121 以及非出口企业 2005 年的 0.157 和 2011 年的 0.143;出口企业内部,出口且 FDI 企业和出口非 FDI 企业的市场势力指数取对数的标准差也远低于 FDI 企业和非出口企业。

2011 年出口非 FDI 企业、出口企业的标准差,除国有股权比例取对数外,其他指标中都比较小,说明了出口非 FDI 企业和出口企业的各变量,相比于其他类型企业较为稳定。

　　出口企业内部,各类企业出口额取对数后的标准差见图 6-6。从图 6-6 可知,不论是 2005 年还是 2011 年,出口且 FDI 企业的出口额取对数后的标准差都小于出口非 FDI 企业的出口额取对数后的标准差,且这种差异导致出口企业全样本出口额取对数后的标准差大于出口非 FDI 企业小于出口且 FDI 企业。总体上看,出口且 FDI 企业的出口额波动要小于出口非 FDI企业。

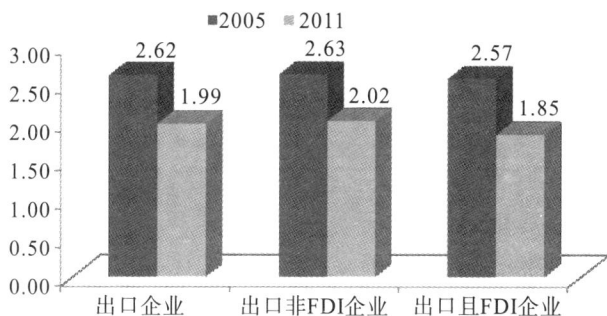

图 6-6　出口企业内部出口额对数标准差图
资料来源:作者据年报和国泰安数据库数据计算

三、出口企业技术创新影响因素异 质性的实证研究 ●●➡

　　本书用 Statal1.0 软件和公式 6-1,对不同类型企业技术创新影响因素进行静态面板数据回归分析,根据 Hausman 检验的结果,均采用固定效应模型。为了保证结果的准确性,采用

Driscoll-Kraay 标准误模型对个体固定效应模型进行修正,最终模型结果见表 6-3。

1.各变量对出口企业技术创新作用的企业异质性研究

从表 6-3 看,表中各类型企业各变量均在 10% 的水平上统计显著。不管是何种类型的企业,$\ln RD$、$\ln SW$、$\ln FA$、$\ln SHS$ 和 $\ln SOS$ 均通过 10% 的显著性检验。$\ln RD$、$\ln SW$ 和 $\ln FA$ 的系数都为正,说明研发资本、技术工人数量、企业技术装备水平对于企业技术创新产出都存在正向作用,而 $\ln SHS$ 和 $\ln SOS$ 的系数为负,说明第一第二大股东持股比和国有股权比例对于企业技术创新产出存在显著的负作用。除出口且 FDI 企业的 $\ln IY$ 未通过检验外,其他类型企业均通过 10% 的显著性检验,且系数为正,说明企业冗余资源除对出口且 FDI 企业技术创新产出不具有显著作用外,对其他类型企业技术创新产出具有显著正向作用。市场势力 $\ln MF$ 对出口企业、出口且 FDI 企业和 FDI 企业技术创新产出具有显著负向作用。出口额对出口企业和出口且 FDI 企业技术创新产出具有显著正向作用。

从各类型企业比较看,研发资本投入的影响程度,按从大到小排序,依次为:非出口企业、FDI 企业、出口且 FDI 企业、出口企业和出口非 FDI 企业,再结合出口非 FDI 企业研发资本投入,不仅低于 FDI 企业和出口且 FDI 企业,而且低于非出口企业这一状况,说明我国大量出口非 FDI 企业不注重研发资本投入,使得整体出口企业研发资本对技术创新的作用弱于非出口企业、FDI 企业和出口且 FDI 企业,研发资本对技术创新的规模效应未充分体现出来。

技术工人数量的影响程度,按从大到小排序,依次为:FDI 企业、出口企业、出口且 FDI 企业、出口非 FDI 企业和非出口企业。出口企业技术工人对技术创新产出的影响弱于 FDI 企业,强于非出口企业;出口企业内部,出口且 FDI 企业的技术工人对技术创新产出的影响高于出口非 FDI 企业。

平均存货净额的影响程度,按从大到小排序,依次为:出口非 FDI 企业、出口企业、非出口企业和 FDI 企业。出口企业相比较于其他类型企业,更多地依靠冗余资源来保证其技术创新活动,大量冗余资源的投入有利于出口企业的技术创新。

平均固定资产净值的影响程度,按从大到小排序,依次为:出口且 FDI 企业、FDI 企业、出口企业、非出口企业和出口非 FDI 企业。这说明技术装备水平对出口企业整体而言虽具有促进作用,但其作用却低于出口且 FDI 企业和 FDI 企业。由于出口且 FDI 企业和 FDI 企业技术创新强于出口企业(见描述统计分析结果),故出口企业可向出口且 FDI 企业和 FDI 企业学习,在拥有大量的冗余资源的前提下,提高技术装备水平,以促进技术创新。

表 6-3　出口企业技术创新影响因素企业异质性实证研究结果

	出口企业	出口非 FDI 企业	出口且 FDI 企业	FDI 企业	非出口企业
$\ln RD$	0.016*** (5.932)	0.010*** (3.483)	0.030*** (7.775)	0.031*** (8.806)	0.033*** (10.304)
$\ln SW$	0.109*** (3.611)	0.092** (2.493)	0.106** (2.370)	0.118*** (4.145)	0.034** (2.077)
$\ln IY$	0.118*** (3.418)	0.278*** (15.872)		0.059* (1.901)	0.097*** (6.471)
$\ln FA$	0.497*** (17.475)	0.345*** (15.286)	0.624*** (21.145)	0.571*** (25.185)	0.479*** (11.807)
$\ln SHS$	−1.211*** (−12.363)	−1.253*** (−14.820)	−1.095*** (−6.393)	−1.048*** (−5.793)	−0.975*** (−13.353)

续表

	出口企业	出口非 FDI 企业	出口且 FDI 企业	FDI 企业	非出口企业
lnSOS	−0.134*** (−7.071)	−0.127*** (−7.621)	−0.143*** (−6.843)	−0.144*** (−7.093)	−0.126*** (−7.875)
lnMF	−0.309** (−2.339)		−0.732*** (−4.279)	−0.567*** (−6.911)	
lnEX	0.003* (1.697)		0.012** (2.219)		
截距项	−1.671*** (−7.816)	−2.260*** (−11.273)	−1.054* (−1.729)	−1.496*** (−2.696)	−2.414*** (−8.569)
F 值	4 705.31***	2 134.14***	5 726.05***	8 669.98***	14 212.70***
样本数	3 311	2 373	938	1 225	2 233
r2_w	0.452	0.426	0.541	0.506	0.421
Hausman 值	95.22***	63.44***	24.74***	49.93***	76.43***

注:括号内是 t 统计量值,*** $p<0.01$,** $p<0.05$,* $p<0.1$

资料来源:作者据年报和国泰安数据库数据计算

第一二大股东持股比的影响程度,按照从大到小顺序,依次为:非出口企业、FDI 企业、出口且 FDI 企业、出口企业和出口非 FDI 企业。由于第一二大股东持股比的弹性系数为负,值越小,对技术创新产出的抑制作用越强。结合出口企业第一二大股东持股比高于非出口企业和 FDI 企业的现象,出口企业股权集中度较高,可能是监督力量不足,股权集中大大地影响了其技术创新活动。

国有股权比例的系数为负,从影响程度看,按照从大到小顺序,依次为非出口企业、出口非 FDI 企业、出口企业、出口且 FDI 企业和 FDI 企业。对外向国际化程度高的企业——FDI 企业、出口且 FDI 企业、出口企业的影响程度高于非出口企业和出口非 FDI 企业,且总体上外向国际化程度越高的企业国有股权比例对技术创新的抑制作用越强,故政府对外向国际化企业可以在企业研发资本和技术工人等方面提供支持,但最好避免直接投资,以促进外向国际化企业的技术创新。

市场势力的影响程度,按从大到小排序,依次为:出口企业、FDI 企业和出口且 FDI 企业,由于市场势力指数的弹性系数为负,值越小,对技术创新产出的抑制作用越强。市场势力对外向化程度较高的企业均有抑制作用,对出口企业全样本的抑制作用更强,这可能是面临鼓励企业家精神的市场环境以及行业进入相对容易时,市场势力较高的企业反而不能取得好的创新绩效。

出口额对出口且 FDI 企业和出口企业具有促进作用,但对出口非 FDI 不具有显著作用,出口企业可进一步增加出口,提高学习能力获得更多的技术溢出效应,提高自身技术创新水平。

2. 出口企业与其他类型企业技术创新影响因素作用的企业异质性研究

从各影响因素的影响程度看,各类型企业,各影响因素的重要程度排列基本相同。除 FDI 企业的技术工人对技术创新产出的促进作用大于企业冗余资源的促进作用外,其他类型企业在显著的对技术创新产出促进作用的指标中,影响程度从大到小排列依次为:$\ln FA$、$\ln IY$、$\ln SW$、$\ln RD$ 和 $\ln EX$,即企业技术装备水平、冗余资源、技术工人数量、研发资本和出口额。在抑制类指标中,各类型企业在显著的对技术创新产出具有抑制作用的指标中,抑制作用程度从大到小排列依次为:$\ln SHS$、$\ln MF$ 和 $\ln SOS$,即第一二大股东持股比、市场势力和国有股权比例。

在促进企业技术创新的因素中,平均固定资产净额的促进作用最大,其次是存货净额均值、技术工人数量和研发资本,最后是出口额。这说明我国各类企业比较倾向于利用较高的技术装备、一定的冗余资源来促进技术创新,并且这些技术装备水平越高、冗余可用资源越多,会提高企业的技术创新水平。而研发的资本投入和人力投入对企业的技术创新的影响弹性很小,这说明尽管研发资本投入与企业技术创新绩效正相关,但目前中国的企业研发生产率低下的现状不容忽视,从而导致研发投入和技术工人数量对企业技术创新的贡献率不高,我国企业对研发资本的投入和技术人员的利用不足,相对而言,我国企业研发人员比研发经费对技术创新的贡献水平更高,在技术创新生产活动中具有更重要的作用。值得注意的是,出口额对出口企业和出口且 FDI 企业的技术创新产出的促进作用在所有促进作用指标中是最小的,出口额对出口非 FDI 企业的技术创新产出的促进作用更是不显著,出口企业需提高出口中的学习能力,促进出口企业技术创新产出的增加。

在抑制企业技术创新的因素中,第一二大股东持股比对企业技术创新的影响最大,说明所有权集中度越高,越不利于中国企业进行技术创新。国有股权比例的影响较第一二大股东持股比低,且国有股权比例越高,企业技术创新就越低。说明国家控股和出口企业股权的集中,不利于技术创新,可能是出现了内部人现象。因此,我国出口企业要想提高自己的技术创新水平,必须合理规范国家控股规模,分散公司股权。市场势力对技术创新产出的抑制作用介于第一二大股东持股比和国有股权比例之间,且市场势力只对国际化程度较高的出口企业、出口且 FDI 企业和 FDI 企业具有显著的抑制作用。

本章小结

1.出口企业技术创新各影响因素均值异质性研究结论

2011 年较 2005 年各类型企业冗余资源和企业技术装备水平都大幅度增加,不论是 2005 年还是 2011 年,出口企业的存货净额均值、平均固定资产净额与其他类型企业存在较大差异。出口企业存货净额均值和平均固定资产净额均高于非出口企业、出口非 FDI 企业,低于出口且 FDI 企业和 FDI 企业,这一结果与企业异质性贸易理论相符,这说明我国企业外向国际化存在自我选择的特性。

2011 年较 2005 年各类型企业国有股权比例都有大幅度下降,并未表现出与企业异质性贸易理论结论相符的现象,说明我国国有股权比例对企业异质性的作用有较为复杂的影响。各类型企业 2011 年第一二大股东持股比较 2005 年有所下降,出口企业全样本以及出口企业内部的出口非 FDI 企业和出口且 FDI 企业与 FDI 企业和非出口企业占比接近,差异不大,各类型企业股权集中度相似。出口企业与其他类型企业市场势力有差异,但差异不大。

出口企业内部,不论是 2005 年还是 2011 年,出口且 FDI 企业的出口额都大于出口非 FDI 企业的出口额,出口且 FDI 企业的国际竞争力大于出口非 FDI 企业。

2.出口企业技术创新各影响因素标准差异质性研究结论

不论是 2005 年还是 2011 年,各类型企业内部平均存货净额、平均固定资产净额和国有股权比例的差异较大,但 2011 年与 2005 年相比,各类型企业内部国有股权比例的差异具有缩小趋势。

2011 年出口非 FDI 企业、出口企业的标准差,除国有股权比例对数标准差外,其他指标对数的标准差都比出口且 FDI 企业、FDI 企业、非出口企业小,说明了出口非 FDI 企业和出口企业的各变量,相比于其他类型企业较为稳定。

出口企业内部,出口且 FDI 企业的出口额取对数后的标准差都小于出口非 FDI 企业的出口额取对数后的标准差,出口且 FDI 企业的出口额波动要小于出口非 FDI 企业。

3.出口企业与其他不同类型企业技术创新影响因素异质性的实证研究结论

研发资本投入、技术工人数量、企业技术装备水平对于企业技术创新产出都存在正向作用,第一二大股东持股和国有股均值比例对于企业技术创新产出存在显著的负作用。企业冗余资源除对出口且 FDI 企业技术创新产出不具有显著作用外,对其他类型企业技术创新产出具有显著正向作用。市场势力对出口企业、出口且 FDI 企业和 FDI 企业技术创新产出具有显著负向作用。出口额对出口企业和出口且 FDI 企业技术创新产出具有显著正向作用。

研发资本投入对出口类企业的促进作用低于 FDI 企业和非出口企业,再结合出口非 FDI 企业的研发资本投入,不仅低于 FDI 企业和出口且 FDI 企业,而且低于非出口企业这一状况,说明我国大量出口非 FDI 企业不注重研发资本投入,使得整体出口企业研发资本对技术创新的作用弱于非出口企业、FDI 企业和出口且 FDI,研发资本对出口类企业技术创新的规模效应未充分体现出来。

企业技术工人数量和技术装备水平对出口企业技术创新产出的影响弱于 FDI 企业,强于非出口企业;出口企业内部,出口且 FDI 企业的技术工人数量和技术装备水平对技术创新产出的影响高于出口非 FDI 企业。出口企业相比较于其他类型企业,更多地依靠冗余资源来保证其技术创新活动,大量冗余资源的投入有利于出口企业的技术创新。

第一二大股东持股比对出口类企业技术创新产出的抑制作用高于 FDI 企业和非出口企业。结合出口企业第一二大股东持股比高于非出口企业和 FDI 企业的现象,出口企业股权集中度较高,可能是监督力量不足,股权集中大大地影响了其技术创新活动。外向国际化程度越高的企业国有股权比例对技术创新的抑制作用越强,故政府对外向国际化企业可以在企业研发资本和技术工人等方面提供支持,但最好避免直接投资,以促进外向国际化企业的技术创新。

市场势力对外向化程度较高的企业均有抑制作用,对出口企业全样本的抑制作用最强,这可能是面临鼓励企业家精神的市场环境以及行业进入相对容易时,市场势力较高的企业反而不能取得好的创新绩效。出口对出口且 FDI 企业和出口企业具有促进作用,但对出口非 FDI 不具有显著作用,出口企业可进一步增加出口,提高学习能力,获得更多的技术溢出效应,提高自身技术创新水平。

从各影响因素的影响程度看,各类型企业,各影响因素的重要程度排列基本相同。除 FDI 企业的技术工人数量对技术创新产出的促进作用大于企业冗余资源的促进作用外,其他类型企业在显著的对技术创新产出促进作用的指标中,影响程度从大到小排列依次为:企业技术装备水平、冗余资源、技术工人数量、研发资本和出口额。在抑制类指标中,各类型企业在显著的对技术创新产出具有抑制作用的指标中,抑制作用程度从大到小排列依次为:第一二大股东持股比、市场势力和国有股权比例。

　　在促进企业技术创新的因素中,平均固定资产净额的促进作用最大,其次是存货净额均值、技术工人数量和研发资本,最后是出口额。研发的资本投入和人力投入对企业的技术创新的影响弹性很小,这说明尽管研发资本投入与企业技术创新绩效正相关,但目前中国的企业研发生产率低下的现状不容忽视,从而导致研发投入和技术工人数量对企业技术创新的贡献率不高。值得注意的是,出口额对出口企业和出口且 FDI 企业的技术创新产出的促进作用在所有促进作用指标中是最小的,出口额对出口非 FDI 企业的技术创新产出的促进作用更是不显著,出口企业需提高出口中的学习能力,促进出口企业技术创新产出的增加。

　　在抑制企业技术创新的因素中,第一二大股东持股比对企业技术创新的影响最大,我国出口企业要想提高自己的技术创新水平,必须合理规范国家控股规模,分散公司股权。市场势力只对国际化程度较高的出口企业、出口且 FDI 企业和 FDI 企业具有显著的抑制作用。

第七章
出口企业技术创新
收敛性研究

为了进一步分析出口企业技术创新的差异性,本部分研究出口企业技术创新产业间和产业内收敛性,研究出口企业中是否存在技术创新差距缩小或拉大的趋势,评估我国出口企业技术创新的示范效应。

本部分从技术创新的产出和投入角度研究出口企业技术创新的收敛性,即研究出口企业技术创新产出、研发资本投入和技术工人值的收敛性。

一、出口企业技术创新收敛性概念与模型

经济收敛在经济研究中主要用于经济增长研究,用来衡量各地区的经济增长是否具有趋同性。本书借助经济增长收敛性分析中的 σ 收敛法和 β 收敛法进一步检验不同出口企业技术创新生产技术效率是否存在趋同性。

根据 Barro 等(1991)的收敛理论[①],收敛包括 σ 收敛和 β 收敛,β 收敛又包括绝对 β 收敛和条件 β 收敛两种情况。σ 收敛是指经济体人均收入或产出的离散程度随着时间逐渐降低,β 收敛是指贫穷的经济体比富裕的经济体经济增长快。如果每个经济体的人均收入或产出都能达到完全相同的稳态水平,那就是绝对 β 收敛;而如果每个经济体都朝着各自不同的稳态水平趋近则是条件 β 收敛。这里我们将借鉴经济收敛的概念,分析出口企业技术创新效率在不同出口企业之间是否存在收敛性。绝对 β 收敛和条件 β 收敛的趋势是一样的,因此我们将只进行 σ 收敛和绝对 β 收敛检验。

σ 收敛一般通过国家或地区水平指标的标准差或变异系数来反映其差距的变化趋势,变异系数可以消除平均数不同对两个或多个资料变异程度比较的影响,这里我们用出口企业指标的变异系数来反映出口企业技术创新的收敛性,变异系数的计算公式见公式 7-1。变异系数是从绝对水平角度衡量出口企业技术创新的收敛性。

$$变异系数 = \frac{标准差}{平均值} \qquad (7\text{-}1)$$

根据 Bernard 等(1996)理论[②],绝对 β 收敛是在资本边际报酬递减规律的作用下,不同地区间的人均收入增长率与初始人均收入负相关。我们对传统的绝对 β 收敛模型加以适当改进,

---

① Barro,R. Sala-I-Martin. Convergence Across States and Regions [J]. Brookings Papers on Economic Activity,1991,22(1):107—182

② Bernard C. ,Jones I. Comparing apples to oranges:productivity convergence and measurement across industries and countries[J]. American Economic Review,1996,86(5):1216—1238

得到本书的出口企业技术创新的绝对 β 收敛基本模型,设定为:

$$\ln(y_{i,t+1}/y_{i,t}) = \alpha + \beta\ln(y_{i,t}) + \varepsilon_{i,t} \tag{7-2}$$

$y_{i,t}$ 为 i 企业 t 年的出口企业技术创新产出或投入值;α 为截距项;β 为待估系数;$\varepsilon_{i,t}$ 为误差项。如果 $\beta<0$,则表明存在绝对收敛,说明出口企业技术创新产出或投入增长率与上一期技术创新产出或投入负相关,这意味着出口企业技术创新产出或投入低的出口企业的增长快于技术创新产出或投入高的出口企业,随着时间的推移,技术创新产出或投入低的出口企业将趋同于技术创新产出或投入高的出口企业,是从增长率的角度衡量出口企业技术创新的收敛性。

本部分仍以 2005—2011 年为研究区间,选取近年来中国具有国际竞争力的 9 个行业(见表 3-1)[①]的上市出口企业作为研究样本,且选取这 9 个行业中各年累计有效申请专利量均大于 0、研发资本大于 0 和技术工人数大于 0 的上市出口企业作为研究对象,剔除数据不全和异常的出口企业,最后得到用于研究的出口企业样本总量为 257 家,7 年内的观察值为 1 799,样本的行业分布见表 7-1。

表 7-1 技术效率研究样本的行业分布情况

行业(代码)	出口企业数	占样本总量比重(%)
纺织、服装和皮毛行业(C1)	11	4.28%
石油、化学和塑胶、塑料业(C4)	41	15.95%
电子元器件制造业(C5)	38	14.79%

---

① 本书的行业分类参照中国证监会的行业分类标准。

续表

行业(代码)	出口企业数	占样本总量比重(%)
金属和非金属业制造业(C6)	27	10.51%
机械、设备、仪表业(C7)	86	33.46%
医药、生物制品行业(C8)	23	8.95%
采掘业(B0)	6	2.33%
建筑业(E0)	3	1.17%
通信、信息技术业(G8)	22	8.56%
合计	257	100.00%

数据来源:根据 Wind 数据库数据整理。

样本出口企业累计申请有效专利量数据来自中国国家知识产权局网站,研发资本投入和技术工人数据来自样本出口企业的各年年报,其余指标数据均来源于国泰安数据库和 Wind 数据库。

二、出口企业技术创新 σ 收敛检验 ●●●➡

运用公式 7-1 和 Stata 软件计算得到出口企业技术创新产出——专利的变异系数图,见图 7-1。从图 7-1 看,出口企业全样本专利的变异系数 2005—2009 年存在增大趋势,2010 和 2011 年有所下降,但依然要高于 2005—2007 年的水平,说明从绝对差异看,全样本出口企业技术创新产出——专利并没有出现 σ 收敛的趋势。

分行业看出口企业技术创新产出——专利的变异系数变动趋势,纺织、服装和皮毛行业(C1),医药、生物制品行业(C8),建

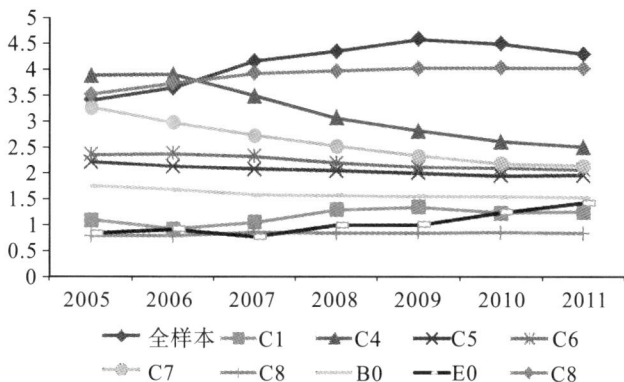

图 7-1　出口企业专利变异系数趋势图
资料来源:作者据年报和国泰安数据库数据计算

筑业(E0)和通信、信息技术业(G8)总体上变异系数呈增长趋势,没有出现 σ 收敛的趋势。说明在这些行业出口企业技术创新产出——专利绝对水平存在扩大趋势。石油、化学和塑胶、塑料业(C4),电子元器件制造业(C5),金属和非金属业制造业(C6),机械、设备、仪表业(C7)和采掘业(B0)变异系数总体上呈下降趋势,这些行业出口企业技术创新产出——专利绝对水平存在收敛趋势,差异在缩小。行业不同出现不同的趋势,这可能是不同行业之间存在技术扩散、制度迁移等方面差异所造成的。

运用公式 7-1 和 Stata 软件计算得到出口企业研发资本变异系数,见图 7-2。从图 7-2 出口企业研发资本变异系数趋势图看,出口企业全样本的研发资本变异系数 2005—2011 年波动较大,总体上 2011 年比 2005 年研发资本变异系数小 0.9461,存在 σ 收敛现象。

分行业看出口企业研发资本的变异系数变动趋势,2005—

2011 年出口企业研发资本变异系数波动较大。2011 年与 2005 年相比,研发资本变异系数存在下降的行业主要有:纺织、服装和皮毛行业(C1),金属和非金属业制造业(C6),机械、设备、仪表业(C7)和采掘业(B0),这些行业总体上存在 σ 收敛现象;而石油、化学和塑胶、塑料业(C4),电子元器件制造业(C5),医药、生物制品行业(C8),建筑业(E0)和通信、信息技术业(G8)总体上研发资本变异系数呈增长趋势,没有出现 σ 收敛的趋势。

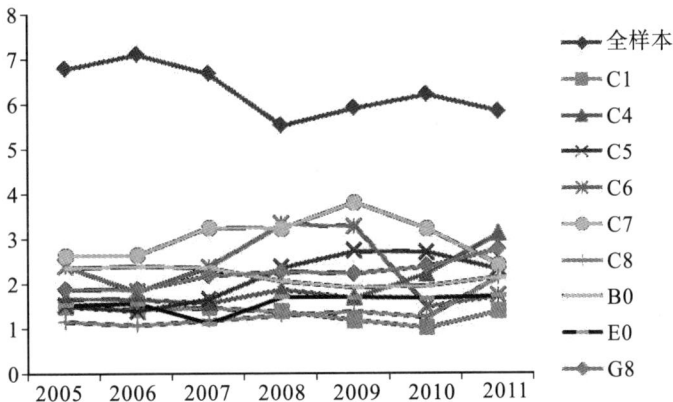

图 7-2　出口企业研发资本变异系数趋势图

资料来源:作者据年报和国泰安数据库数据计算

从图 7-3 出口企业技术工人变异系数趋势图看,出口企业全样本的技术工人变异系数除 2009 年有增加外,其余年度都处于下降中。2011 年出口企业全样本的技术工人变异系数比 2005 年下降了 0..717,出口企业全样本的技术工人总体上存在 σ 收敛现象。

分行业看出口企业技术工人变异系数,石油、化学和塑胶、塑料业(C4),金属和非金属业制造业(C6),机械、设备、仪表业

(C7),医药、生物制品行业(C8)和采掘业(B0),2005—2011 年
虽然技术工人变异系数存在波动,但总体上呈下降趋势,存在 σ
收敛现象。而纺织、服装和皮毛行业(C1),电子元器件制造业
(C5),通信、信息技术业(G8)和建筑业(E0),总体上技术工人
变异系数呈增长趋势,没有出现 σ 收敛的趋势。

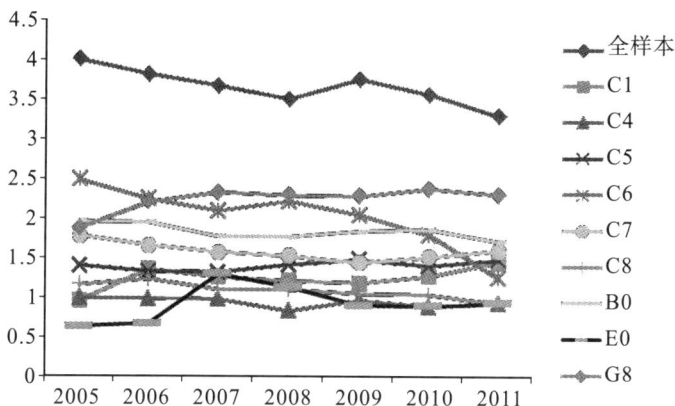

图 7-3　出口企业技术工人变异系数趋势图
资料来源:作者据年报和国泰安数据库数据计算

　　比较出口企业技术创新产出——专利、研发资本投入和技
术工人的 σ 收敛情况看,全样本出口企业技术创新产出——专
利并没有出现 σ 收敛的趋势,但全样本出口企业研发资本投入
和技术工人总体上出现了 σ 收敛现象,说明行业间企业研发投
入有缩小趋势,但出口企业技术创新产出并未出现 σ 收敛现象。
分行业看,金属和非金属业制造业(C6),机械、设备、仪表业
(C7)和采掘业(B0)行业内出口企业技术创新产出——专利、研
发资本投入和技术工人都出现了 σ 收敛趋势;建筑业(E0)和通
信、信息技术业(G8)出口企业技术创新产出——专利、研发资

本投入和技术工人总体上出现了 σ 发散现象。

而纺织、服装和皮毛行业(C1)出口企业在研发资本投入上出现了 σ 收敛,在技术创新产出——专利和技术工人上出现了 σ 发散现象;石油、化学和塑胶、塑料业(C4)出口企业在技术创新产出——专利和技术工人上出现了 σ 收敛,在研发资本投入方面出现了 σ 发散现象;电子元器件制造业(C5)出口企业在技术创新产出——专利上出现了 σ 收敛,在研发资本投入和技术工人方面出现了 σ 发散现象;医药、生物制品行业(C8)出口企业在技术工人上出现了 σ 收敛,在技术创新产出——专利上和研发资本投入方面出现了 σ 发散现象。

三、出口企业技术创新绝对 β 收敛检验 ●●➡

我们用公式 7-2 检验出口企业全样本和分行业样本的绝对 β 收敛假说,从增长率方面分析样本期间出口企业全样本和分行业样本的技术创新产出——专利、研发资本投入和技术工人的绝对 β 收敛情况。由于我们用的是企业数据,个体差异较大,因此选用个体效应模型。个体效应模型是选取个体固定效应模型还是个体随机效应模型,取决于 Hausman 检验的结果。为了保证结果的准确性,如果采用固定效应模型,用 Wooldridge 检验来检验是否存在序列相关,用 Pesaran's 检验来检验是否存在截面相关,用 Modified Wald 检验来检验是否存在截面异方差。如果检验的结果表明存在上述复杂情况,我们将采用 Driscoll-Kraay 标准误即 xtscc 模型对个体固定效应模型进行修正,以保证我们的实证结果真实可靠。通过估计与检验,最终得到了表 7-2、表 7-3、表 7-4 和表 7-5 的结果。

表 7-2　出口企业绝对 β 收敛模型

	xtscc 模型		
	专利	研发资本	技术工人
β	−0.227*** (−8.636)		
		−0.033*** (−9.292)	
			−0.437*** (−4.709)
_cons	0.489*** (9.865)	0.232*** (10.135)	1.165*** (4.802)
样本数	1 542	1 542	1 542
F 值	74.578***	86.350***	22.175***
Within R^2	0.208	0.267	0.180
Hausman	256.73***	341.25***	254.72***

注：*** $p<0.01$，** $p<0.05$，* $p<0.1$

资料来源：作者据年报和国泰安数据库数据计算

从表 7-2 看，出口企业全样本专利、研发资本和技术工人三个指标 β 值分别为：−0.227、−0.033 和 −0.437，均为负数，且都在 1% 的水平上显著，整体模型也在 1% 的水平上显著，都是显著收敛的。从三个指标 β 值对比看，专利 β 值的绝对值大于研发资本 β 值的绝对值但小于技术工人 β 值的绝对值，专利收敛速度快于研发资本收敛速度，但慢于技术工人的收敛速度；研发资本 β 收敛速度最慢；技术工人的 β 收敛速度最快。

表 7-3　出口企业分行业专利绝对 β 收敛模型

	β	_cons	样本数	F 值	Wald 值	Within R²	Hausman
C1	−0.332 *** (−10.638)	0.555 *** (9.774)	66	113.167 ***		0.395	38.57 ***
C4	−0.286 *** (−4.066)	0.443 *** (4.569)	246	16.536 ***		0.169	30.66 ***
C5	−0.173 *** (−6.009)	0.432 *** (7.746)	228	36.108 ***		0.140	19.72 ***
C6	−0.201 *** (−16.582)	0.479 *** (15.390)	162	274.977 ***		0.254	37.36 ***
C7	−0.230 *** (−10.452)	0.530 *** (12.895)	516	109.237 ***		0.224	70.95 ***
C8	−0.203 *** (−3.202)	0.418 *** (3.733)	138	10.255 ***		0.183	20.81 ***
B0	−0.094 *** (−4.210)	0.315 *** (6.498)	36	17.720 ***		0.091	3.09 *
E0	−0.066 (−0.652)	0.235 (1.366)	18		0.42	0.050	0.310
G8	−0.274 *** (−12.728)	0.561 *** (15.381)	132	161.989 ***		0.339	49.6 ***

注:括号内是 t 统计量值,*** $p<0.01$,** $p<0.05$,* $p<0.1$

资料来源:作者据年报和国泰安数据库数据计算

从出口企业分行业专利绝对 β 收敛看,出口企业九行业除建筑业(E0)β 值不显著外,其余八个行业 β 值都在 1‰ 的水平上显著,且都为负数,模型也在 1‰ 的水平上显著。表示收敛速度的 β 的绝对值从大到小依次为:纺织、服装和皮毛行业(C1),石油、化学和塑胶、塑料业(C4),通信、信息技术业(G8),机械、设备、仪表业(C7),医药、生物制品行业(C8),金属和非金属业制造业(C6),电子元器件制造业(C5)和采掘业(B0)。在 β 值显著的八个行业中,β 收敛的速度相差较大,最大的是纺织、服装和皮毛行业(C1),β 值为−0.332,最小的为采掘业(B0),β 值只有−0.094。

从出口企业分行业研发资本绝对 β 收敛看(见表 7-3),出口企业九行业除建筑业(E0)β 值不显著外,其余八个行业 β 值都在 1% 的水平上显著,且都为负数,模型也在 1% 的水平上显著。表示收敛速度的 β 的绝对值从大到小依次为:纺织、服装和皮毛行业(C1),金属和非金属业制造业(C6),电子元器件制造业(C5),石油、化学和塑胶、塑料业(C4),采掘业(B0),机械、设备、仪表业(C7),通信、信息技术业(G8)和医药、生物制品行业(C8)。在 β 值显著的八个行业中,β 收敛的速度相差较大,最大的是纺织、服装和皮毛行业(C1),β 值为 −0.051,最小的为医药、生物制品行业(C8),β 值只有 −0.018。

表 7-3 出口企业分行业研发资本绝对 β 收敛模型

	lnRD	_cons	样本数	F 值	Wald 值	Within R^2	Hausman
C1	−0.051*** (−3.605)	0.336*** (3.649)	66	12.995***		0.276	13.5***
C4	−0.037*** (−7.867)	0.247*** (8.533)	246	61.896***		0.301	72.54***
C5	−0.038*** (−7.746)	0.265*** (8.694)	228	59.999***		0.372	49.19***
C6	−0.045*** (−12.316)	0.300*** (12.075)	162	151.688***		0.429	111.71***
C7	−0.026*** (−6.383)	0.181*** (6.553)	516	40.740***		0.193	67.13***
C8	−0.018*** (−2.615)	0.130*** (2.689)	138	6.839***		0.071	4.76**
B0	−0.035*** (−4.950)	0.272*** (5.261)	36	24.502***		0.246	7.29***
E0	−0.012 (−1.611)	0.105* (1.877)	18		2.59	0.205	1.110
G8	−0.025*** (−3.761)	0.182*** (3.753)	132	14.146***		0.124	10.49***

注:括号内是 t 统计量值,*** $p<0.01$,** $p<0.05$,* $p<0.1$
资料来源:作者据年报和国泰安数据库数据计算

从出口企业分行业技术工人绝对 β 收敛看，出口企业九行业 β 值都在 1% 的水平上显著，且都为负数，模型也在 1% 的水平上显著，说明出口企业九行业技术工人都存在绝对 β 收敛现象。分行业技术工人收敛速度的 β 的绝对值从大到小依次为：医药、生物制品行业（C8），纺织、服装和皮毛行业（C1），通信、信息技术业（G8），金属和非金属业制造业（C6），采掘业（B0），建筑业（E0），石油、化学和塑胶、塑料业（C4），电子元器件制造业（C5）和机械、设备、仪表业（C7）。在 β 值显著的九个行业中，β 收敛的速度相差较大，最快的是医药、生物制品行业（C8），β 值为 -0.848，最小的为机械、设备、仪表业（C7），β 值只有 -0.320。

表 7-4　出口企业分行业技术工人绝对 β 收敛模型

	$\ln SW$	_cons	样本数	F 值	Within R²	Hausman
C1	-0.792^{***} (-7.653)	2.000^{***} (7.768)	66	58.565^{***}	0.362	33.47^{***}
C4	-0.400^{**} (-2.566)	0.973^{***} (2.630)	246	6.586^{***}	0.180	24.1^{***}
C5	-0.344^{***} (-3.081)	0.921^{***} (3.139)	228	9.495^{***}	0.075	9.65^{***}
C6	-0.505^{***} (-8.025)	1.419^{***} (8.139)	162	64.393^{***}	0.242	34.25^{***}
C7	-0.320^{***} (-3.993)	0.859^{***} (4.247)	516	15.947^{***}	0.142	73.65^{***}
C8	-0.848^{***} (-9.396)	2.164^{***} (9.210)	138	88.294^{***}	0.437	75^{***}
B0	-0.429^{**} (-2.354)	1.560^{**} (2.404)	36	5.541^{***}	0.347	11.63^{***}

续表

	lnSW	_cons	样本数	F 值	Within R^2	Hausman
E0	−0.419*** (−3.398)	1.429*** (3.466)	18	11.548***	0.343	9.78***
G8	−0.524*** (−6.714)	1.506*** (6.342)	132	45.080***	0.207	30.29***

注:括号内是 t 统计量值,*** $p<0.01$,** $p<0.05$,* $p<0.1$

资料来源:作者据年报和国泰安数据库数据计算

本章小结

本部分以 2005—2011 年 9 个行业各年累计有效申请专利量均大于 0、研发资本大于 0 和技术工人数大于 0 的 257 家上市出口企业作为研究对象,研究了出口企业全样本和分行业技术创新的 σ 收敛和绝对 β 收敛性。

1. 出口企业技术创新 σ 收敛结论

出口企业全样本技术创新产出——专利并没有出现 σ 收敛的趋势,但全样本出口企业研发资本投入和技术工人总体上出现了 σ 收敛现象,说明行业间企业研发投入有缩小趋势,但出口企业技术创新产出并未出现 σ 收敛现象。

分行业看,金属和非金属业制造业(C6),机械、设备、仪表业(C7)和采掘业(B0)行业内出口企业技术创新产出——专利、研发资本投入和技术工人都出现了 σ 收敛趋势;建筑业(E0)和通信、信息技术业(G8)出口企业技术创新产出——专利、研发资本投入和技术工人总体上出现了 σ 发散现象。

而纺织、服装和皮毛行业(C1),石油、化学和塑胶、塑料业(C4),电子元器件制造业(C5)和医药、生物制品行业(C8)出口企业在技术创新产出——专利上、研发资本投入和技术工人方面并未出现一致的 σ 收敛或发散现象。

2. 出口企业技术创新绝对 β 收敛结论

绝对 β 收敛是从增长率方面分析样本期间出口企业全样本和分行业样本的技术创新产出——专利、研发资本投入和技术工人的收敛情况。

出口企业全样本专利、研发资本和技术工人三个指标 β 值均为负数，且都在 1% 的水平上显著，整体模型也在 1% 的水平上显著，都是显著收敛的。从三个指标 β 值对比看，出口企业全样本专利收敛速度快于研发资本收敛速度，但慢于技术工人的收敛速度；研发资本 β 收敛速度最慢；技术工人的 β 收敛速度最快。

出口企业分行业专利除建筑业（E0）β 值不显著外，其余八个行业出口企业专利都存在显著 β 收敛现象，收敛最快的是纺织、服装和皮毛行业（C1），收敛最慢的为采掘业（B0）。

出口企业分行业研发资本除建筑业（E0）β 值不显著外，其余八个行业都存在显著 β 收敛现象。β 收敛的速度最快的是纺织、服装和皮毛行业（C1），最慢的为医药、生物制品行业（C8）。

出口企业分行业技术工人九行业都存在绝对 β 收敛现象。β 收敛的速度相差较大，最快的是医药、生物制品行业（C8），最慢的为机械、设备、仪表业（C7）。

第八章
出口企业技术
创新效率评估

对于发展中的中国出口企业而言,由于其人力资本、技术和资金比较缺乏,如何提高这些要素在推动创新过程中的效率问题是值得我们深入研究的。本部分将对我国出口企业技术创新效率进行评估,分析出口企业技术创新效率特征以及各行业出口企业技术创新效率特征。

一、研究设计

(一)研究方法

传统生产函数模型的内在假设认为,所有的生产单元都处于生产前沿面上,即生产单元都是完全有效的:在一定的投入要素条件下可以得到最大产出或者在一定的产出条件下使用最少的投入要素。但在现实经济生活中,并不是每一个生产者都处在生产函数的前沿上,大部分生产者的效率与最优生产效率之间会有一定的差距,即存在技术非效率,产出与当前技术水平下的最大产出前沿的距离越大,则技术效率越低。

对生产技术效率的评价方法主要有两种。其一是以数据包络分析(data envelopment analysis,DEA)为代表的非参数方法。DEA方法不需要假定生产函数形式,就可研究多投入、多产出问题,但其模型中没有误差项,将随机误差归因于技术非效率。然而,在实际中,人们对公司行为的观测总会存在随机误差,而且企业的生产技术效率也会受各种随机因素的影响,因此采用DEA方法得到的结果会存在一定误差。其二是以随机前沿分析(stochastic frontier analysis,SFA)为代表的参数方法。运用随机前沿分析方法可将模型中的误差项分为技术非效率和随机误差项,分析结果能更准确地反映决策单元的实际效率水平。

鉴于此,本部分采用随机前沿分析方法建模,基于出口企业2005—2011年的面板数据,研究出口企业全样本和分行业企业的技术创新生产技术效率,并揭示和探讨中国出口企业技术创新生产技术效率的影响因素。

前沿生产函数模型最早由Aigner和Chu提出[①],模型基本表达式为:

$$y_{it} = f(x_{it};t) \cdot \exp(v_{it} - u_{it}) \tag{8-1}$$

其中y_{it}表示样本i在时期t上的实际产出;$f()$表示在现有技术进步条件下能够实现的最佳产出;x_{it}表示样本i在时期t上的要素投入向量;v_{it}表示样本i在时期t生产过程中的随机误差项;u_{it}表示技术非效率指数,衡量企业技术效率水平。

Battese和Coelli在前人研究基础上提出了面板数据下的

---

① Aigner D. J. , Chu S. F. On Estimating the Industry Production Function[J]. The American Economic Review 1968,58(4):826—839

随机前沿生产函数模型[①]。本书采用 Battese 和 Coelli 提出的 SFA 模型,该模型通过面板数据下的似然比检验,可以同时对前沿生产函数和技术无效函数的参数进行有效的估计。模型具体形式如下:

$$Y_{it} = X_{it}\beta + (v_{it} - u_{it}) \qquad i = 1,2,\cdots,N; t = 1,2,\cdots,T \qquad (8\text{-}2)$$

式(8-2)中:Y_{it} 为 i 公司 t 期技术创新产出;X_{it} 为 i 公司 t 期的技术创新生产投入;β 为待估计参数;v_{it} 为随机变量,服从 $N(0,\sigma_v^2)$ 分布,且独立于 u_{it};u_{it} 为非负随机变量,服从 $N(m_{it},\sigma_\mu^2)$ 截断分布,为 i 公司 t 期的生产技术非效率项。该模型的基本含义为:个别企业之所以不能在生产函数前沿面,是因为它受随机扰动项和技术非效率项的影响。

$$TE_{it} = \exp(-\mu_{it}) \qquad (8\text{-}3)$$

式(8-3)中:TE_{it} 表示各出口企业的技术创新技术效率水平,由样本出口企业产出的期望与随机前沿的期望的比值来确定。$TE_{it} = 1$,表明出口企业的技术创新生产处于技术效率状态;$0 < TE_{it} < 1$,表明该出口企业的技术创新生产处于技术非效率状态。

$$\gamma = \frac{\sigma_\mu^2}{\sigma_v^2 + \sigma_\mu^2} \qquad (8\text{-}4)$$

式(8-4)中,γ 为误差项方差中技术非效率方差所占比重,用以判断是否使用 SFA 模型。当 γ 趋近于 0,即 σ_μ^2 趋近于 0

---

① Battese G. ,Coelli T.. A model for technical inefficiency effects in a stochastic frontier production function for panel data[J]. Empirical Economics,1995,20(2):325—332

时,表明不可控因素造成的随机误差是造成实际产出与前沿面存在差距的主要原因,此时采用 SFA 模型是不适宜的;当 γ 趋近于 1,即 σ_v^2 趋近于 0 时,说明无效率项在造成实际产出与前沿面存在偏差方面具有主要作用,此时有必要采用 SFA 方法。

$$m_{it} = Z_{it}\delta \tag{8-5}$$

式(8-5)中:m_{it} 为技术非效率程度;Z_{it} 为生产技术非效率的解释变量;δ 为待估参数,反映变量 Z_{it} 对技术效率的影响,其值为负表明该变量对技术效率有正向影响,其值为正表明负向影响。

(二)出口企业技术创新生产函数模型

根据企业资源理论和企业能力理论,企业的技术创新生产离不开必要的投入。Griliches 发现,企业的 R&D 资本投入和人力投入对技术创新产出具有显著的促进作用[1]。该结论得到了其他学者的进一步证实[2][3][4]。鉴于此,本书将 R&D 资本和技术员工作为技术创新产出的投入。

---

① Griliches Z. Issues in Assessing the Contribution of R&D to Productivity Growth[J]. Bell Journal of Economics,1979(10):92-116

② 李娟,任利成,吴翠花.科研机构、高校、公司 R&D 支出与专利产出的关系研究[J].科技进步与对策,2010,20:103-108;

③ 王庆元,张杰军,张赤东.我国创新型公司研发经费与发明专利申请量关系研究[J].科学学与科学技术管理,2010(11):5-12

④ Czarnitzki D. Patent Protection, Market Uncertainty, and R&D Investment[J]. The Review Economics and Statistics,2011,93(1):147-159

在现有研究中，早期学者多采用 C-D 函数估计生产函数，但 C-D 函数存在假设替代弹性不变的局限性，目前使用更为广泛的是超越对数生产函数。超越对数生产函数可以是任一形式生产函数对数形式的二阶泰勒级数近似，用它能够较好地分析生产函数中各投入要素的相互影响及各投入要素的产出弹性。因此，本书采用超越对数生产函数形式，结合知识生产函数，设定如下技术创新生产函数的具体模型：

$$\ln P_{it} = \beta_0 + \beta_1 \ln RD_{it} + \beta_2 \ln SW_{it} + \beta_3 t + \beta_4 (\ln RD_{it})^2 + \beta_5 (\ln SW_{it})^2 +$$
$$\beta_6 t^2 + \beta_7 \ln RD_{it} \ln SW_{it} + \beta_8 t \ln RD_{it} + \beta_9 t \ln SW_{it} + V_{it} - U_{it}$$

$$(8\text{-}6)$$

式(8-6)中：i 和 t 分别表示上市公司和时间；P 为技术创新产出，用有效专利量衡量；RD 为研发资本投入；SW 为技术工人投入；β_i 为待估参数；V_{it} 为随机变量；U_{it} 为非负随机变量，是 i 公司 t 期的专利生产技术非效率项。

本书用出口企业样本各年度累计获得的有效专利量衡量技术创新产出，将 R&D 资本存量和 R&D 劳动投入作为技术创新投入，各变量具体衡量指标见表8-1。

(三)出口企业技术创新生产技术效率 损失函数模型

企业技术创新生产需要投入大量的人力和物力资源，而冗余资源较多的企业在财务运用、技术人员投入、产品开发和产品促销等方面有足够的冗余资源支撑，有较大意愿和资源支撑企业提高技术创新效率。技术创新生产除了需要直接的 R&D 资本投入外，还需要借助一定的技术设备。较高的技术装备利用率能够促进一个公司的技术创新生产和技术创新生产技术效率的提高。然而,当企业发现机会时会提高技术装备水平以快速占领市场,这会消耗本用于支持技术创新生产的资金;因此,技术装备利用率与技术创新生产又存在一定的竞争关系①。同时,技术装备利用率和资本密集度的提高还可能造成组织成员的倦怠,进而降低技术创新生产的技术效率。技术创新生产作为企业的重大战略行为,技术创新效率与企业的创新管理投入有关,企业的创新管理投入可改变委托代理中的信息不对称问题和技术溢出的接受程度,而决定创新管理投入的最根本因素是股权性质。不同股东的监督动力和监督能力存在差异,因此他们对企业技术创新效率生产的影响方式也不同。国有股东存在经营目标多元化、产权主体虚置、多层委托—代理关系等特点,加之技术创新生产具有专业性、复杂性以及非程序性特征,因此国有股东及其代理人的监督动力和监督能力不足,这很容易形成严重的内部人控制现象②,内部人控制会导致企业经营目标短期化,这不利于企业技术创新生产技术效率的改善。国际化水平高的企业会获得较多先进的生产和管理知识,这将推动企业技术创新生产效率的改善。当厂商拥有较高的市场势力时,其市场支配能力较强,技术创新的效率可能较高,但也可能导致组织惰性、导致技术创新效率低下。

基于上述分析,本书将考虑企业冗余资源、技术装备利用率、资本密集度、股权性质、国际化水平和市场势力对专利生产

① Oerlemans L, Meeus M. Do organizational and spatial proximity impact on firm performance[J]. Regional Studies,2005,39(1):89—104

② 冯根福,温军.中国上市公司治理与企业技术创新关系的实证分析[J].中国工业经济,2008(7):91—101

技术效率损失的影响。本部分企业冗余资源采用平均存货净额衡量、技术装备利用率采用固定资产周转率衡量、股权性质采用国有股权比例衡量、国际化水平采用出口额衡量、市场势力采用市场势力指数衡量,具体变量说明见表 8-1。

表 8-1　各变量的表示符号和取值说明

变量类型	变量符号	变量含义	变量单位	变量的取值方法及说明
因变量	P	技术创新产出	件	各样本企业各年累计获得的有效专利数量
自变量	RD	研发资本投入	元	(研发资本期初余额＋研发资本期末余额)/2
	SW	技术工人数量	人	各样本企业各年技术工人年末数
	IY	平均存货净额	元	(存货期初余额＋存货期末余额)/2
	$RFAT$	固定资产周转率	次	营业收入/平均固定资产净额
	RCI	资本密集度	万元/人	平均固定资产净额/平均员工人数
	SOS	国有股权比例	％	国有股股数/总股数×100
	EX	出口额	元	国外主营业务收入
	MF	市场势力指数	％	营业收入/营业成本×100

将专利生产技术效率损失的各影响变量代入方程(8-5),得到专利生产技术效率损失函数模型:

$$M_{it} = \delta_0 + \delta_1 \ln IY_{it} + \delta_2 \ln RFAT_{it} + \delta_3 \ln RCT_{it} + \delta_4 \ln SOS_{it} + \delta_5 \ln MF_{it} + \delta_6 \ln EX_{it} + \varepsilon_{it} \tag{8-7}$$

式(8-7)中:i 和 t 分别表示上市公司和时间;M_{it} 为技术非

效率程度,δ 为待估参数,ε 表示误差项。

(四)样本选择和数据来源

出口企业技术创新效率研究的样本仍是第七章所用样本,是选择出口企业技术创新产出——专利、研发资本投入和技术工人值均大于零的出口企业作为研究样本,总样本共 257 家,7 年共 1 799 个观察值。

样本出口企业累计申请有效专利量数据来自中国国家知识产权局网站,研发资本投入和技术工人数来自样本出口企业的各年年报,其余指标数据来源于国泰安数据库和 Wind 数据库。

二、出口企业技术创新生产效率评价 ●●●➡

(一)随机前沿函数估计结果

使用软件 FRONTIER4.1 进行计量分析,随机前沿函数的估计结果见表 8-2。δ^2 和 γ 的最大似然估计值在 1% 的水平下显著,说明随机误差项 V_{it} 和技术无效误差项 U_{it} 均显著存在,须在生产函数中予以考虑;$\gamma=0.9570$,说明技术效率损失是相对主要的误差来源——似然比检验统计量 LR 值高度显著的结果也证实了这一点。检验结果说明,本部分所构造的随机前沿模型适合于评价技术创新生产技术效率。

表 8-2　随机前沿函数的估计结果

待估参数	系数	系数估计值	t 值	待估参数	系数	t 值
常数项	β_0	2.9680 ***	6.06397	常数项	5.96735 ***	10.49638
$\ln RD$	β_1	0.1350	0.96849	$\ln IY$	−0.31054 ***	−9.00871
$\ln SW$	β_2	−0.5299 **	−2.48409	$\ln RFAT$	−0.36595 ***	−7.05806
t	β_3	0.0674	1.15081	$\ln RCI$	0.09949 **	2.17091
$(\ln RD)^2$	β_4	−0.0088	−0.68944	$\ln SOS$	0.05039 **	2.37006
$(\ln SW)^2$	β_5	0.1275 ***	3.23303	$\ln EX$	−0.01834 ***	−2.68650
t^2	β_6	−0.0057	−1.32627	$\ln MF$	−0.81681 ***	−4.12747
$\ln RD \times$ $\ln SW$	β_7	0.0117	0.34658	Sigma-squared	0.3236 ***	28.2086
$t\ln RD$	β_8	−0.0041	−0.46655	Gamma	0.9570 ***	16.5274
$t\ln SW$	β_9	0.0252 *	1.66065	样本数	1 799	
				LR 值	248.9563 ***	

注:"***"、"**"和"*"分别表示 $p<0.01$、$p<0.05$ 和 $p<0.1$;LR 为似然比检验统计量,符合混合卡方分布。

从计量结果看,在专利生产函数即式(8-6)中,含有 R&D 劳动投入项目的系数均显著,但时间的一次项、二次项和含有 R&D 资本投入项目的系数不显著,有必要检验普通的柯布—道格拉斯生产函数是否适应中国出口企业技术创新的生产函数。

为检验普通的柯布—道格拉斯生产函数是否适应中国出口企业技术创新的生产函数,本书建立原假设 H_0:超越对数生产函数的二次项 $(\ln RD)^2$、$(\ln SW)^2$、t^2、$\ln RD \times \ln SW$、$t\ln RD$ 和 $t\ln SW$ 的系数均为零,并用广义似然率统计量 λ 对原假设进行检验。

$$\lambda = -2[L(H_0) - L(H_1)]$$

式中 $L(H_0)$, $L(H_1)$ 分别是在 H_0 假设和备选 H_1 假设下的对数似然函数值,若零假设成立,则 λ 服从混合 χ^2 分布,自由度为受约束变量的数目。检验结果为:检验统计量 $\lambda = 26.4430$,在 1% 水平上的临界值为 23.21,λ 值大于相应的 1% 显著性水平下的 χ^2 分布临界值,因此,可拒绝零假设。

检验结果说明,本书宜选用超越对数生产函数作为前沿函数,所构造的随机前沿模型适合于评价出口企业技术创新生产效率。

运用完全产出弹性公式(公式 8-8～8-10),计算得到 R&D 资本、技术工人和时间对技术创新的完全产出弹性平均值,分别为 0.0297、0.3121 和 0.0594。

$$\varepsilon_K = \beta_1 + \beta_4 \ln RD + \beta_7 \ln SW + \beta_8 t \tag{8-8}$$

$$\varepsilon_L = \beta_2 + \beta_5 \ln SW + \beta_7 \ln RD + \beta_9 t \tag{8-9}$$

$$\varepsilon_t = \beta_3 + \beta_6 t + \beta_8 \ln RD + \beta_9 \ln SW \tag{8-10}$$

上述结果说明:(1)R&D 资本投入、技术工人和时间对技术创新产出的完全产出弹性均为正,说明三者对技术创新产出都具有正效应,技术工人的完全产出弹性最大,R&D 资本投入的完全产出弹性最小,说明我国出口企业技术工人对技术创新的边际效应更大,这与前面几章的结论也一致。(2)技术工人对技术创新的直接产出弹性显著且为负,说明技术工人对技术创新的作用主要是通过 R&D 资本投入和时间产生正效应。(3)技术工人二次项的系数显著且为正,说明技术工人对技术创新的边际效应呈递增趋势,技术工人与 R&D 资本投入的交互项以及 R&D 劳动投入与时间的交互项对出口企业的技术创新产出均具有显著作用。(4)含有 R&D 资本投入项的系数均不显著,说明虽然 R&D 资本投入对技术创新具有正效应,但这种效应并不显著。

从专利生产效率损失函数模型的估计结果来看,反映出口企业冗余资源的存货净额均值系数值为−0.31054,出口企业冗余资源的提高能够提高出口企业技术创新生产的技术效率;反映公司技术装备利用率的固定资产周转率的系数值为−0.36595,技术装备利用率的提高能够导致专利生产技术效率的提高;资本密集度的系数值为0.09949,说明出口企业的资本越密集,其专利生产技术效率越低,出口企业不能依靠提高人均技术装备水平来提高技术创新生产技术效率水平,而应提高技术装备利用率;反映公司股权性质的国有股权比例的系数值为0.05039,说明国有股权比例对出口企业的技术创新生产技术效率具有抑制作用;反映公司国际化水平的国外主营业务收入比例的系数值为−0.01834,表明国际化水平的提升会推动出口企业技术创新生产技术效率的改善;反映市场势力的单位成本创收的系数值为−0.81681,表明公司市场势力对技术创新生产技术效率的影响为正,一个公司的市场势力越大,其技术创新生产技术效率越高。

三、出口企业技术创新生产的 技术效率 ●●➡

从技术效率的测算结果来看,中国出口企业技术创新生产技术效率较低,不论是全样本还是分行业,效率均值都远小于1(见表8-3),这说明中国出口企业技术创新生产技术效率较低,亟待提高。

表 8-3　2005—2011 年样本出口企业技术创新生产的技术效率均值

行业	2005	2006	2007	2008	2009	2010	2011	平均
总样本	0.1817	0.1874	0.1932	0.1988	0.2073	0.2097	0.2091	0.1981
C1	0.1100	0.1118	0.1173	0.1291	0.1400	0.1455	0.1564	0.1300
C4	0.1363	0.1373	0.1383	0.1434	0.1471	0.1459	0.1466	0.1421
C5	0.1934	0.2037	0.2137	0.2271	0.2416	0.2508	0.2447	0.2250
C6	0.2111	0.2104	0.2144	0.2270	0.2393	0.2363	0.2415	0.2257
C7	0.2006	0.2098	0.2159	0.2190	0.2303	0.2303	0.2305	0.2195
C8	0.1687	0.1704	0.1826	0.1843	0.1887	0.1917	0.1848	0.1816
B0	0.2317	0.2367	0.2250	0.2133	0.2117	0.2150	0.2083	0.2202
E0	0.1433	0.1333	0.1267	0.1200	0.1233	0.1300	0.1433	0.1314
G8	0.1773	0.1859	0.1945	0.1959	0.2018	0.2041	0.2014	0.1944

　　从行业间的横向比较结果(见表 8-3 和图 8-1)看,按年均出口企业技术创新的生产技术效率从高到低对 9 个行业进行排序,依次为:金属和非金属业制造业(C6),电子元器件制造业(C5),采掘业(B0),机械、设备、仪表业(C7),通信、信息技术业(G8),医药、生物制品行业(C8),石油、化学和塑胶、塑料业(C4),建筑业(E0)和纺织、服装和皮毛行业(C1)。技术较成熟的金属和非金属业制造业企业技术创新生产技术效率是最高的;从其他行业的技术创新生产技术效率排序结果看,技术密集度较高行业的技术创新生产技术效率也较高,劳动密集型行业——纺织、服装和皮毛行业的技术创新生产技术效率最低。

　　从全样本出口企业纵向比较结果(见表 8-3 和图 8-2)看,2005—2011 年全样本的技术创新生产技术效率均值除 2011 年有小幅下降外,其余年度均呈增长趋势,年均增长率为 2.36%。

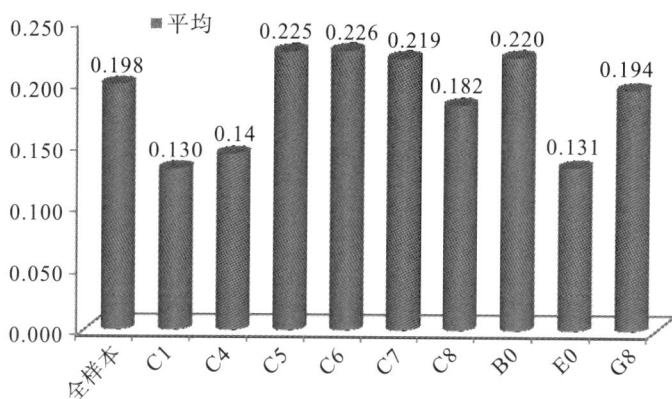

图 8-1　2005—2011 平均出口企业技术创新生产的技术效率

这说明虽然样本出口企业技术创新生产的技术效率绝对值较低，但其技术创新生产的技术效率均值总体上呈上升趋势。

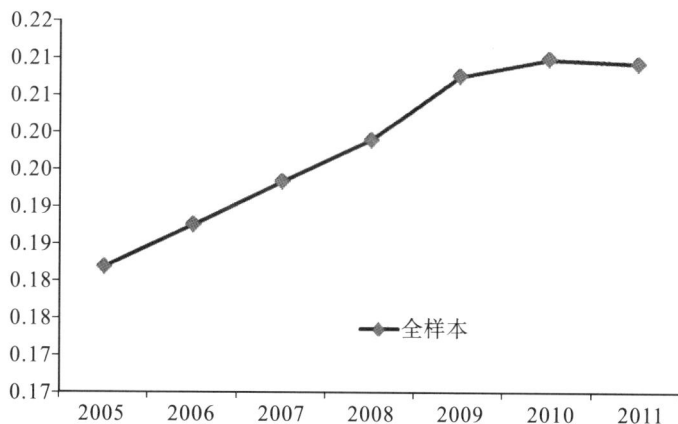

图 8-2　出口企业技术创新生产的技术效率年均趋势图

从各行业出口企业纵向比较结果(见表 8-3 和图 8-3)看，2005—2011 年除纺织、服装和皮毛行业(C1)和机械、设备、仪表业(C7)技术创新生产的技术效率均值较稳定增长，采掘业(B0)技术创新生产的技术效率均值在波动中趋于下降外，其余行业总体上呈增长趋势。

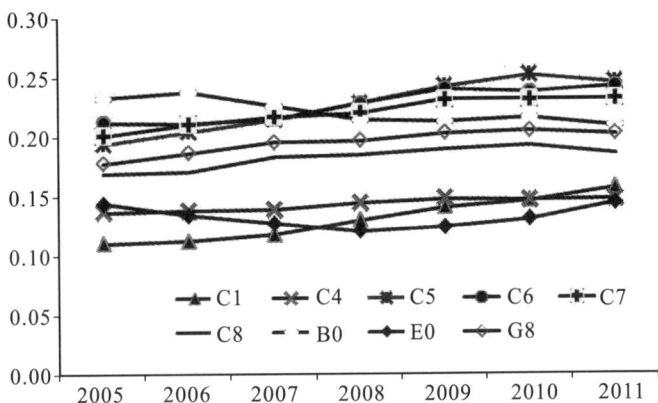

图 8-3 各行业出口企业技术创新生产的技术效率趋势图

本章小结

本部分采用随机前沿分析方法建模，利用 2005—2011 年我国 9 个行业 257 家上市出口企业的面板数据，对我国出口企业技术创新效率进行评估，揭示和探讨了中国出口企业冗余资源、技术装备利用率、资本密集度、股权性质、国际化水平和市场势力对专利生产技术效率损失的影响，分析出口企业全样本和各行业技术创新效率特征。

1.出口企业技术创新生产效率评价

使用软件 FRONTIER4.1 进行计量研究,研究发现 R&D 资本投入、技术工人和时间对技术创新产出都具有正效应,技术工人的完全产出弹性最大,研发资本投入的完全产出弹性最小,说明我国出口企业技术工人对技术创新的边际效应更大,这与前面几章的结论也一致。技术工人对技术创新的作用主要是通过研发资本投入和时间产生正效应,且对技术创新的边际效应呈递增趋势,研发资本投入对技术创新具有正效应,但这种效应并不显著。

出口企业冗余资源的提高能够提高出口企业技术创新生产的技术效率;技术装备利用率的提高能够导致专利生产技术效率的提高;出口企业的资本越密集,其专利生产技术效率越低,出口企业不能依靠提高人均技术装备水平来提高技术创新生产技术效率水平,而应提高技术装备利用率;国有股权比例对出口企业的技术创新生产技术效率具有抑制作用;国际化水平的提升会推动出口企业技术创新生产技术效率的改善;公司市场势力对技术创新生产技术效率的影响为正,一个公司的市场势力越大,其技术创新生产技术效率越高。

2.出口企业技术创新生产的技术效率结论

中国出口企业技术创新生产技术效率较低,不论是全样本还是分行业,效率均值都远小于1,这说明中国出口企业技术创新生产技术效率较低,亟待提高。

各行业间年均出口企业技术创新的生产技术效率存在差异,技术较成熟的金属和非金属业制造业企业技术创新生产技术效率是最高的;从其他行业的技术创新生产技术效率排序结果看,技术密集度较高行业的技术创新生产技术效率也较高,劳动密集型行业——纺织、服装和皮毛行业的技术创新生产技术效率最低。

2005—2011年全样本的技术创新生产技术效率均值除2011年有小幅下降外,其余年度均呈增长趋势。出口企业全样本技术创新生产的技术效率绝对值虽较低,但其技术创新生产的技术效率均值总体上呈上升趋势。

2005—2011年除纺织、服装和皮毛行业(C1)和机械、设备、仪表业(C7)技术创新生产的技术效率均值较稳定增长,采掘业(B0)技术创新生产的技术效率均值在波动中趋于下降外,其余行业总体上呈增长趋势。

结论与对策建议

本书基于企业异质性贸易理论和知识生产函数,从理论上研究了出口企业技术创新的规律,构建了出口企业技术创新的模型。选取 2005—2011 年出口金额排名前九个行业的上市出口企业为研究对象,运用多元统计方法实证研究了出口企业技术创新的行业特征,运用面板数据模型实证研究了出口企业技术创新影响因素的行业差异性;以所选行业的非出口企业和 FDI 企业作为对照组,并将出口企业分为出口非 FDI 企业和出口且 FDI 企业,运用多元统计方法实证研究了出口企业技术创新的企业异质性特征,运用面板数据模型实证研究了出口企业技术创新影响因素的企业异质性;运用多元统计方法和面板数据模型研究了出口企业技术创新的收敛性;采用随机前沿分析方法研究了出口企业技术创新生产效率。在这一部分拟总结本书所得结论,并据结论提出相应的对策建议。

一、出口额对技术创新产出的作用较小,出口 企业需提高出口中的学习能力 ●●➡

当 $\frac{\partial P_i^f}{\partial q_i^f}q_i^f + P_i^f - C_i > 0$ 时,出口额对企业技术创新的影响为

负;当 $\frac{\partial P_i^f}{\partial q_i^f}q_i^f + P_i^f - C_i < 0$ 时,出口对企业的技术创新影响为正。

实证研究发现,在出口企业全样本、出口且 FDI 企业、纺织、服
装和皮毛行业(C1),石油、化学和塑胶、塑料业(C4),机械、设
备、仪表业(C7)和采掘业(B0)中,出口促进了企业的技术创新,
但相比较于其他指标的作用强度,除纺织、服装和皮毛行业
(C1)外,出口额对其他类型企业或行业的作用强度最小,说明
这些出口企业虽通过出口获得的知识显著地提升了其技术创新
产出,但作用较小。出口企业可通过增加出口,更重要的是提高
出口中的学习能力,获得更多的技术溢出效应,提高自身技术创
新水平。

二、中国出口企业技术创新能力加强,专利分 布整体水平提高,但集中度较高 ●●➡

截至 2011 年末 473 家出口企业样本中有 93% 的企业申请
过专利,与 2005 年相比提高了 17 个百分点;各行业拥有有效专
利的出口企业比例都大幅度地提高。这说明中国出口企业已具
备了技术创新的意识,中国出口企业进行技术创新的能力加强。

2011 年与 2005 年相比,全样本累计申请有效专利件数小于 10 的企业比例下降了 34 个百分点,累计申请有效专利件数大于或等于 50 的企业比例上升了 32 个百分点,各行业累计申请有效专利件数小于 14 的企业比例均下降,累计申请有效专利件数大于或等于 100 的企业比例均上升,出口企业越来越重视专利发展,全样本和分行业出口企业专利分布整体水平提高。

从专利结构看,2011 年发明专利、实用新型专利和外观设计专利三种专利与 2005 年相比,都大幅度增加,技术含量最高的发明专利占比提高了 10 个百分点,且在三种专利中占比最高,出口企业积极从事产品的技术革新和开发新产品等技术含量高的技术创新活动;三种类型专利结构存在较大行业差别,医药、生物制品行业(C8),采掘业(B0)和通信、信息技术行业(G8)发明专利比重大,这三个行业的出口企业在国际市场上面临的技术层面的竞争更激烈,为了在国际竞争中取得优势,不断提高技术创新质量。而其他行业的发明专利比率都低于全样本平均水平,其中纺织、服装和皮毛行业(C1)外观设计专利占比最高,这一传统行业更多的是依靠产品的外部形状、包装和构造的多样化来实现产品的差异化战略占据国际市场优势,风险性大,企业如果不在技术创新方面加大创新力度,发展将会受到很大阻碍。

出口企业研发资本投入均值大幅度地增加,出口企业越来越重视研发资本的投入,出口企业研发强度总体上有所提高,但研发强度水平依然较低。出口企业重视和加大技术员工的投入,技术员工的数量保持了一个较快的发展速度。但技术工人的比重没有显著地提高,出口企业从业人员的整体素质并未有明显的提高。出口企业仍需加大研发资本的投入和增加技术工人,提高研发强度水平和从业人员的整体素质。

从集中度看,2011 年较 2005 年出口企业前四个最大企业累计申请有效专利占比,除医药、生物制品行业(C8)和通信、信息技术业(G8)提高外,其余均有所下降。但从 2011 年绝对值看,出口企业前四个最大的企业申请有效专利占比仍较高,全样本和各行业前四大企业拥有的各类型有效专利集中度都在30%以上。发明专利的集中度最高,且 2011 年与 2005 年相比,总体上出现了集中度提高的趋势;技术含量较低的实用新型专利和外观设计专利由于创新相对较容易,垄断和集中的现象相对弱些,但也存在垄断,但垄断程度有降低的趋势。

尽管出口企业越来越重视自主知识产权,但专利发展仍然很不平衡,专利申请量高度集中于少数出口企业中,企业技术水平参差不齐的现象极为严重,这可能会阻碍中国出口企业技术创新的步伐。采掘业、建筑业和通信、信息技术业由于产品的垄断性,技术创新能力基本集中于少数大型企业手中,中小企业技术创新发展会受到遏制。由于技术创新帮助企业构建了"位势",弱势企业依靠自身打破这种"位势"需要高额的成本,基于此,政府可对技术创新能力弱的行业和企业给予资金、人力和信息资源的倾斜,以降低我国出口企业技术创新产出的集中度,提高中国出口企业技术创新的竞争性。

三、出口企业冗余资源增加,技术装备水平提高,股权分散,竞争性加强 ●●➡

2005 年到 2011 年,出口企业全样本和各行业的企业冗余资源增加,技术装备水平有提高,但行业差异不大;出口企业全样本和各行业国有股权比例下降,第一二大股东持股比也都有小幅下降,出口企业的股权趋于分散。市场势力指数对数均值除纺织、服装和皮毛行业(C1)和通信、信息技术业(G8)提高外,其他行业都有所下降,竞争性趋于加强,有利于出口企业的发展。

全样本平均存货净额、平均固定资产净额和国有股权比例对数的标准差远远高于第一二大股东持股比和市场势力指数的对数标准差,且2011年相较于2005年平均存货净额和平均固定资产净额差异有扩大趋势;出口企业第一二大股东持股比的差异虽不大但也有扩大趋势;出口企业国有股权比例和市场势力指数的差异具有缩小的趋势。

值得注意的是,国有股权比例对数的标准差除采掘业(B0)外其他行业都下降了,再结合其国有股权比例对数的均值最大这一特性,说明采掘业(B0)内各企业国有控制程度都比较强。第一二大股东持股比和市场势力指数的行业间波动较小,反映了我国出口企业间市场势力和股权集中度相对稳定的现状。

四、出口企业技术创新各影响因素 作用具有行业差异性 ●●➡

对所有出口样本行业而言,各指标系数显著性有所差别,但系数显著性的指标与该指标对全样本的作用方向一致,即表示股权结构的第一二大股东持股比、国有股权比例和市场势力对企业技术创新都是负向作用,其他指标均为正向作用。对于追加的出口额这一指标而言,在出口企业全样本中,促进了企业的技术创新,但相比较于其他指标的作用强度,出口额的作用强度却是最小的,说明出口额虽对我国出口企业技术创新整体上有促进作用,但作用较小。

第一二大股东持股比除对机械、设备、仪表业（C7）和采掘业（B0）企业技术创新没有显著制约作用外，其他各行业第一二大股东持股比的弹性系数为负且绝对值都是最大的，说明股权集中度越高，监督力量不足，易形成严重的内部人控制现象，会带来企业经营目标的短期化，不利于企业的技术创新。因此出口企业可加快股权结构多元化改革，防止股权过分集中使企业经营目标短期化，不利于企业的技术创新。

国有股权比例除对纺织、服装和皮毛业（C1）和医药、生物制造行业（C8）出口企业不具有显著作用外，对其他行业出口企业技术创新存在制约作用，政府需合理规范国家控股规模，分散公司股权，从而提高出口企业技术创新水平。

市场势力指数对采掘业（B0）和通信、信息技术业（G8）技术创新产出具有显著抑制作用，政府应采取政策措施，鼓励采掘业（B0）和通信、信息技术业（G8）出口企业竞争，有利于促进这两个行业出口企业的技术创新。

在对出口企业技术创新具有正向作用的所有指标中，技术装备水平除对石油、化学和塑胶塑料制造业（C4）和电子元器件制造业（C5）不具有显著作用，对机械、设备和仪表业（C7）出口企业的促进作用弱于企业冗余资源外，对其他行业出口企业技术创新的促进作用都为最大。出口企业可通过提高技术装备水平，较快地增加技术创新产出。

研发资本除对医药、生物制品行业（C8）和通信、信息技术业（G8）出口企业不具有显著作用外，对其他行业出口企业都具有显著促进作用；技术工人除对金属和非金属业制造业（C6），机械、设备、仪表业（C7）和采掘业（B0）不具有促进作用外，对其他行业出口企业都具有显著促进作用；企业冗余资源对石油、化学和塑胶塑料制造业（C4），电子元器件制造业（C5），机械、设备、仪表业(C7),建筑业(E0)和通信、信息技术业(G8)出口企业具有促进作用,且企业冗余资源对机械、设备、仪表业(C7)出口企业促进作用在所有促进作用的因素中是最大的;出口对纺织、服装和皮毛行业(C1),石油、化学和塑胶塑料制造业(C4),机械、设备、仪表业(C7)和采掘业(B0)具有促进作用,但这种促进作用较小。各行业出口企业可增加对其技术创新产出具有促进作用因素的投入,促进自身企业的技术创新。

五、出口企业技术创新具有企业异质性特征 ●●➡

出口类企业已申请过专利的企业比低于 FDI 企业,高于非出口企业;且出口且 FDI 企业已申请过专利的企业比高于出口非 FDI 企业。2005 年和 2011 年企业累计申请专利件数小于 10 的企业占比从大到小顺序都为非出口企业、出口非 FDI 企业、出口企业、FDI 企业和出口且 FDI 企业,而企业累计申请专利件数大于 100 的顺序则都发生了翻转,中国企业外向国际化程度越高,累计申请专利量大的企业占比越高。

从普遍使用的前四个最大的企业申请专利量比率看,中国出口企业整体的集中度低于出口且 FDI 企业、FDI 企业和非出口企业。在各类型企业中,出口非 FDI 企业的发明专利均值是最低的,出口非 FDI 企业的实用新型专利均值和外观设计专利均值高于非出口企业,但低于 FDI 企业;出口且 FDI 企业的实用新型专利均值和外观设计专利均值高于 FDI 企业,发明专利均值低于 FDI 企业。

不论是 2005 年还是 2011 年出口企业在技术含量最高的发

明专利上占比都要小于非出口企业和 FDI 企业。值得注意的是,出口非 FDI 企业的专利结构中技术含量最高的发明专利仅占 33%,不仅低于 FDI 企业和出口且 FDI 企业,且低于非出口企业。

从企业研发资本投入看,出口企业的研发资本存量,低于 FDI 企业但高于非出口企业。出口企业内部,出口且 FDI 企业的研发资本,高于非出口企业,低于 FDI 企业。值得注意的是,出口非 FDI 企业,不仅低于 FDI 企业和出口且 FDI 企业,而且低于非出口企业。

从技术工人投入看,2005 年和 2011 年出口企业技术工人数量均值低于 FDI 企业,但高于非出口企业;出口企业内部,出口非 FDI 企业的技术工人数量均值低于出口且 FDI 企业,且低于非出口企业和 FDI 企业。

出口企业不论是技术创新产出还是技术创新投入总体上低于 FDI 企业,高于非出口企业;出口企业内部,出口且 FDI 企业的技术创新产出和技术创新投入均高于出口非 FDI 企业,说明我国企业外向国际化存在自我选择的特性,这一结果也与企业异质性贸易理论相符;但出口非 FDI 企业的技术含量最高的发明专利均值、研发资本投入和技术工人数量却低于所有其他类型企业,这说明出口非 FDI 企业的技术创新能力不足,出口非 FDI 企业需加大研发资本和技术工人的投入力度,以提高其技术创新能力。

六、出口企业技术创新影响因素的 企业异质性 ●●➡

 2011 年较 2005 年,各类型企业冗余资源和企业技术装备水平都大幅度增加,不论是 2005 年还是 2011 年,出口企业的存货净额均值、平均固定资产净额均值与其他类型企业存在较大差异。出口企业存货净额均值和平均固定资产净额均高于非出口企业、出口非 FDI 企业,低于出口且 FDI 企业和 FDI 企业,出口企业内部,出口且 FDI 企业的出口额都大于出口非 FDI 企业的出口额,出口且 FDI 企业的国际竞争力大于出口非 FDI 企业。这一结果与企业异质性贸易理论相符,我国企业外向国际化存在自我选择的特性。

 但出口类企业国有股权比例、第一二大股东持股比和市场势力指数差异不大。出口非 FDI 企业和出口企业的各变量的标准差较小,相比于其他类型企业较为稳定,出口且 FDI 企业的出口额波动要小于出口非 FDI 企业。

 研发资本投入对出口类企业的促进作用低于 FDI 企业和非出口企业,再结合出口非 FDI 企业的研发资本投入,不仅低于 FDI 企业和出口且 FDI 企业,而且低于非出口企业这一状况,说明我国大量出口非 FDI 企业不注重研发资本投入,使得整体出口企业研发资本对技术创新的作用弱于非出口企业、FDI 企业和出口且 FDI 企业,研发资本对出口类企业技术创新的规模效应未充分体现出来。建议出口企业加强研发资本投入和管理,提高研发资本投入的产出效率。

 企业技术工人和技术装备水平对出口企业技术创新产出的

影响弱于 FDI 企业,强于非出口企业;出口企业内部,出口且 FDI 企业的技术工人和技术装备水平对技术创新产出的影响高于出口非 FDI 企业。出口企业相比较于其他类型企业,更多地依靠冗余资源来保证其技术创新活动,大量冗余资源的投入有利于出口企业的技术创新。出口企业可向 FDI 企业学习,在充分利用大量冗余资源进行技术创新的同时,提高技术装备水平,以促进出口企业技术创新。

第一二大股东持股比对出口类企业技术创新产出的抑制作用高于 FDI 企业和非出口企业。结合出口企业第一二大股东持股比高于非出口企业和 FDI 企业的现象,出口企业股权集中度较高,可能是监督力量不足,股权集中大大地影响了其技术创新活动。外向国际化程度越高的企业国有股权比例对技术创新的抑制作用越强,故政府对外向国际化企业可以在企业研发资本和技术工人等方面提供支持,但最好避免直接投资,以促进外向国际化企业的技术创新。

市场势力对外向化程度较高的企业均有抑制作用,对出口企业全样本的抑制作用最强,这可能是因为在面临鼓励企业家精神的市场环境以及行业进入相对容易时,市场势力较高的企业反而不能取得好的创新绩效。出口对出口且 FDI 企业和出口企业具有促进作用,但对出口非 FDI 不具有显著作用,出口企业可进一步增加出口,提高学习能力获得更多的技术溢出效应,提高自身技术创新水平。

值得注意的是,出口额对出口企业和出口且 FDI 企业的技术创新产出的促进作用在所有促进作用指标中是最小的,出口额对出口非 FDI 企业的技术创新产出的促进作用更是不显著,出口企业需提高出口中的学习能力,促进出口企业技术创新产出的增加。

　　在抑制企业技术创新的因素中,第一二大股东持股比对企业技术创新的影响最大,我国出口企业要想提高自己的技术创新水平,必须合理规范国家控股规模,分散公司股权。市场势力只对国际化程度较高的出口企业、出口且 FDI 企业和 FDI 企业具有显著的抑制作用。

七、出口企业 σ 收敛性和绝对 β 收敛性 ●●➤

　　出口企业全样本技术创新产出——专利并没有出现 σ 收敛的趋势,但全样本出口企业研发资本投入和技术工人总体上出现了 σ 收敛现象,说明行业间企业研发投入有缩小趋势,但出口企业技术创新产出并未出现 σ 收敛现象。

　　金属和非金属业制造业(C6),机械、设备、仪表业(C7)和采掘业(B0)行业内出口企业技术创新产出、研发资本投入和技术工人都出现了 σ 收敛趋势;建筑业(E0)和通信、信息技术业(G8)出口企业技术创新产出、研发资本投入和技术工人总体上出现了 σ 发散现象;其他行业在技术创新产出、研发资本投入和技术工人方面并未出现一致的 σ 收敛或发散现象。

　　出口企业全样本专利、研发资本和技术工人都存在显著 β 收敛现象,出口企业全样本专利收敛速度快于研发资本收敛速度,但慢于技术工人的收敛速度。

　　出口企业分行业专利和研发资本除建筑业(E0)出口企业 β 值不显著外,其余八个行业出口企业专利和研发资本都存在显著 β 收敛现象,出口企业分行业技术工人都存在绝对 β 收敛现象。

　　从技术创新产出和投入的绝对收敛(σ 收敛)看,收敛性存在行业差异,但从增长率收敛(β收敛)看,除建筑业(E0)出口企业技术创新产出和研发资本β值不显著外,其他行业出口企业技术创新产出和投入均存在β收敛趋势。技术创新能力欠缺的出口企业可增大研发资本投入和改善出口技术创新的影响因素,增强学习能力,提高技术创新能力,促进出口企业技术创新产出和投入的绝对收敛(σ收敛)。

八、出口企业技术创新效率较低 ●●➡

中国出口企业技术创新生产技术效率较低,不论是全样本还是分行业,效率均值都远小于1,这说明中国出口企业技术创新生产技术效率较低,亟待提高。

各行业间年均出口企业技术创新的生产技术效率存在差异,技术较成熟的金属和非金属业制造业企业技术创新生产技术效率是最高的;从其他行业的技术创新生产技术效率排序结果看,技术密集度较高行业的技术创新生产技术效率也较高,劳动密集型行业——纺织、服装和皮毛行业的技术创新生产技术效率最低。

出口企业全样本技术创新生产的技术效率绝对值虽较低,但其技术创新生产的技术效率均值总体上呈上升趋势。2005—2011年除纺织、服装和皮毛行业(C1)和机械、设备、仪表业(C7)技术创新生产的技术效率均值较稳定增长,采掘业(B0)技术创新生产的技术效率均值在波动中趋于下降外,其余行业总体上呈增长趋势。

出口企业冗余资源的提高能够提高出口企业技术创新生产的技术效率;技术装备利用率的提高能够导致专利生产技术效

率的提高;出口企业的资本越密集,其专利生产技术效率越低,出口企业不能依靠提高人均技术装备水平来提高技术创新生产技术效率水平,而应提高技术装备利用率;出口企业可通过降低国有化比例,提高国际化水平和增强市场势力来提高其技术创新生产效率。

参考文献

中文文献

[1]白俊红等.中国地区研发创新的技术效率与技术进步[J].科研管理,2010(6):7—17.

[2]白俊红,江可申.中国地区研发创新的相对效率与全要素生产率增长分解[J].数量经济技术经济研究,2009,(3):139—151.

[3]鲍旭红,龚本刚.上市银行内部治理结构对X—效率影响的实证研究[J]统计与决策,2011(11):143—145.

[4]柴俊武,万迪昉.企业规模与R&D投入强度关系的实证分析[J].科学学研究,2003(21):58—62.

[5]常亚青,宋来.中国企业相对效率和全要素生产率研究[J].数量经济技术经济研究,2006(11):3—12.

[6]陈超.技术创新对浙江制造业出口竞争力影响的实证研究:[硕士学位论文].杭州:浙江工业大学,2007.

[7]陈功玉,闵晓平.研究与开发投入的博弈分析[J].数量经济技术经济研究,2002(5):107—110.

[8]陈静,雷厉.中国制造业的生产率增长、技术进步与技术效率[J].当代经济科学,2010(7):83—89.

[9]陈淑梅.欧盟标准化外部性对我国出口企业技术创新路径的影响[J].中国软科学,2007(1):90－100.

[10]陈向东,王磊.基于专利指标的中国区域创新的俱乐部收敛特征研究[J].中国软科学,2007(10):76－85.

[11]陈泽聪,徐钟秀.我国制造业技术创新效率的实证分析[J].厦门大学学报(哲学社会科学版),2006,(6):122－125.

[12]陈伟.基于DEA-Malmquist指数的企业创新效率变动研究[J].科技进步与对策,2008,(8):139－142.

[13]陈晓,江东.股权多元化、公司业绩与行业竞争性[J].经济研究,2000(8):28－35.

[14]池仁勇.企业技术创新效率及其影响因素研究[J].数量经济技术经济研究,2003,(6):105－108.

[15]戴觅,余淼杰:企业出口前研发投入、出口及生产率进步[J].经济学(季刊),2011(11):211－230.

[16]樊瑛.异质企业贸易模型的理论进展[J].国际贸易问题,2008(2):40－47.

[17]范黎波,郑建明.江琳.技术差距、技术扩散与收敛效应:来自134个国家技术成就指数的证据[J].中国工业经济,2008(9):69－76.

[18]范爱军,刘强.中国省域国际技术扩散的空间相关与收敛[J].山西大学学报(哲学社会科学版),2011(7):123－129.

[19]方妙杰.技术创新对中国出口贸易的影响研究:[硕士学位论文].杭州:浙江工业大学,2006.

[20]方润生,李雄诒.组织冗余的利用对中国企业创新产出的影响[J].管理工程学报,2005(3):15－20.

[21]冯根福,温军.中国上市公司治理与企业技术创新关系的实证分析[J].中国工业经济,2008(7):91－101.

[22]逢淑媛,陈德智.专利与研发经费的相关性研究——基于全球研发顶尖公司10年面板数据的研究[J].科学学研究,2009(10):1500－1505.

[23]傅家骥.技术创新学[M].北京:清华大学出版社,1998.

[24]高建,傅家骥.中国企业技术创新的关键问题:1051家企业技术创新调查分析[J].中外科技政策与管理,1996(1):24－33.

[25]官建成,马宁.我国工业企业技术创新能力与出口行为研究[J].数量经济技术经济研究,2002(2):103－106.

[26]华桂宏,周家华.论技术创新与经济发展[J].南京师大学报,1998(1):3－8.

[27]韩颖,徐佩川,梅开.DEA方法在中国工业部分产业技术创新效率评价中的应用[J].技术经济,2007(9):57－59.

[28]贺提胜.基于DEA的房地产企业技术创新效率评价[J].合作经济与科技,2010,(4):20－21.

[29]黄静波.技术创新、企业生产率与外贸发展方式转变[J].中山大学学报,2008(5):169－176.

[30]黄鲁成.北京制造业行业的技术创新效率评价[J].科学学研究,2005(12):279－282.

[31]洪联英,罗能生.全球生产与贸易新格局下企业国际化发展路径及策略选择——基于生产率异质性理论的分析方法[J].世界经济研究,2007(12):13－15.

[32]贾俊雪,余芽芳,刘静.地方政府支出规模、支出结构与区域经济收敛[J].中国人民大学学报,2011(3):102－112.

[33]金玲娣,陈国宏.企业规模与R&D关系实证研究[J].科研管理,2001(1):52－57.

［34］克鲁格曼.战略性贸易政策与国际经济学［M］.北京：中国人民大学出版社,2000.

［35］孔伟杰,苏伟华.中国制造业企业创新的实证研究［J］.统计研究,2009(11):44－50.

［36］李平,田朔.出口贸易对技术创新影响的研究:水平溢出与垂直溢出［J］.世界经济研究,2010(2):44－57.

［37］李强.基于 DEA 方法的我国中小企业技术创新效率研究［J］.科技管理研究,2010(10):43－45.

［38］李景睿.人力资本对珠三角经济增长贡献的动态演变分析［J］.广东商学院学报,2011(4):43－49.

［39］李小宁,张竹均.中国技术创新活动的体制分析［J］.中国科技论坛,1999(3):21－23.

［40］李松龄,生延超.技术差距、技术溢出与后发地区技术收敛［J］.河北经贸大学学报,2007(7):5－10.

［41］李双杰,王海燕,刘韧.基于 DEA 模型的制造业技术创新资源配置效率分析［J］.工业技术经济,2006,25(3):112－115.

［42］李强.基于 DEA 方法的我国中小企业技术创新效率研究［J］.科技管理研究,2011,(10):43－45.

［43］李娟,任利成,吴翠花.科研机构、高校、公司 R&D 支出与专利产出的关系研究［J］.科技进步与对策,2010(10):103－108.

［44］李正卫、池仁勇、Cindy Millman.技术引进和出口贸易对自主研发的影响——浙江高技术产业的实证研究［J］.科学学研究,2010(10):1495－1501.

［45］刘秀玲:中国出口企业技术创新特性与影响因素研究［J］.国际商务,2011(6):110－111.

[46]梁莱歆.基于 DEA 的企业 R&D 有效性研究[J].科研管理,2006,27(6):68—73.

[47]林佳丽,薛声家.广东省各市科技创新有效性评价—基于 DEA 超效率模型的分析[J].科技管理研究,2008,28(8):111—114.

[48]梁玥,张文兵.技术创新对企业出口的影响分析——基于安徽省霍山县的研究[J].当代经济,2008(9):68—70.

[49]林琳.技术创新、贸易竞争优势与出口绩效的实证研究[J].国际贸易问题,2008(11):68—73.

[50]刘凤朝,潘雄锋.基于 Malmquist 指数法的我国科技创新效率评价[J].科学学研究,2007(5):986—990.

[51]刘笑霞,李明辉.企业研发投入的影响因素——基于我国制造企业调查数据的研究[J].科学学与科学技术管理,2009(30):17—23.

[52]刘秀玲.企业生产率、国外市场知识与企业出口额[J].技术经济,2009(12):71—74.

[53]龙如银,李仲贵.基于 SE-DEA 的中国省域技术创新效率评价[J].科技管理研究,2009,(1):73—75.

[54]齐绍洲,李锴.区域部门经济增长与能源强度差异收敛分析[J].经济研究,2010(2):109—122.

[55]仇怡.国际贸易、国际投资与技术创新:一个文献综述[J].湘潭大学学报,2009(9):72—81.

[56]孙敬水,崔立涛.企业技术创新的影响因素、市场结构及动态博弈分析[J].科技进步与对策,2007(8):97—101.

[57]孙建.中国区域创新内生俱乐部收敛研究——空间过滤与门槛面板分析[J].科学学与科学技术管理,2011(7):74—80.

[58]孙建,齐建国.人力资本门槛与中国区域创新收敛性研究[J].科研管理,2009(11):31－38.

[59]孙爱英,孙中锋.资源冗余对企业技术创新选择的影响研究[J].科学学与科学技术管理,2008(5):60－64.

[60]沈能.区域一体化与技术水平的"俱乐部"收敛性研究[J].科学学与科学技术管理,2009(1):108－114.

[61]谭利,刘星.非对称信息条件下创业企业融投资行为博弈分析.重庆大学学报,2002(11):75－78.

[62]田长明.中国工业行业企业技术创新效率评价实证研究[J].工业技术经济,2008(5):68－72.

[63]王刚波,官建成.技术创新对出口的影响[J].科学研究,2009(9):1412－1417.

[64]王任飞.企业R&D支出的内部影响因素研究[J].科学学研究,2005(4):225－231.

[65]王晓燕.论技术创新与出口商品结构优化[J].世界经济情况,2006(19):10－15.

[66]王磊,陈向东.中日两国区域创新的动态收敛特征研究[J].科研管理,2009(3):9－15.

[67]王磊,陈向东.在华电子行业的中外企业技术收敛特征研究[J].科学学与科学技术管理,2008(11):25－31.

[68]王冉冉.基于技术要素的国际贸易理论——兼论我国贸易产业国际竞争力的提升[J].对外经贸实务,2005(2):103－106.

[69]王庆元,张杰军,张赤东.我国创新型公司研发经费与发明专利申请量关系研究[J].科学学与科学技术管理,2010(11):5－12.

[70]王芳.提高企业技术创新能力的途径[J].吉林财税,

2000(7):50－51.

[71]汪旭辉.物流上市公司自主创新测度及其影响因素[J].河北经贸大学学报,2010,31(4):70－76.

[72]吴慧国.理论创新的三个向度[J].江南社会学院院报,2003(2):5－9.

[73]吴永林,赵佳菲.基于 DEA 的北京高技术企业技术创新效率研究[J].科技和产业,2011,1(1):65－67.

[74]魏龙,李丽娟.技术创新对中国高技术产品出口影响的实证分析[J].国际贸易问题,2005(12):32－40.

[75]肖奎喜,沈建国,杨义群.技术创新和国际贸易互动关系的理论述评.技术经济,2004(7):34－35.

[76]徐林清,潘丽丽.新兴市场国家制成品出口技术构成的收敛趋势研究.世界经济研究,2012(8):49－54.

[77]谢军、徐青.广东制造企业技术创新能力与出口绩效的关系研究[J].科技管理研究,2010(12):77－79.

[78]谢建国,周露昭.中国区域技术创新绩效——一个基于DEA 的两阶段研究[J].学习与实践,2007(6):29－34.

[79]解学梅.基于分类回归的企业技术创新影响因素测评[J].工业工程管理,2009,14(6):77－84.

[80]项本武.中国工业行业技术创新效率研究[J].科研管理,2011,32(1):11－14.

[81]杨静,宝贡敏.技术创新影响因素的实证分析——基于浙江典型区域企业的调查[J].科技进步与对策,2009(5):18－22.

[82]尹希果,孙慧.居民消费、空间依赖性与经济增长条件收敛——基于空间面板数据模型的研究[J].中国经济问题,2011(7):47－59.

[83]姚利民,方妙杰.技术创新促进中国出口贸易的实证研究[J].国际商务研究,2007(3):12—17.

[84]杨建君,刘华芳,聂菁.市场势力对企业自主创新绩效的影响研究——来自中国电信产业的经验证据[J].科学学与科学技术管理,2011(9):65—72.

[85]易靖韬.企业异质性、市场进入成本、技术溢出效应与出口参与决定[J].经济研究,2009(9):106—115.

[86]余道先,刘海云.我国自主创新能力对出口贸易的影响研究——基于专利授权量的实证[J].国际贸易问题,2008(3):28—33.

[87]余秀江,胡冬生,何新闻,王宣喻.我国技术创新影响因素的动态分析-基于SVAR模型的实证研究[J].软科学,2010(8):11—16.

[88]于成永,施建军.外部学习、技术创新与企业绩效:机制和路径——基于苏浙沪等地制造企业的实证研究[J].经济管理,2009(1):117—125.

[89]于骥.治理结构与企业技术创新的耦合性研究[J].求是学刊,2008,35(3):62—66.

[90]俞立平.企业性质与创新效率[J].数量经济技术经济研究,2007,(5):108—115.

[91]杨勇,达庆利.企业技术创新绩效与其规模、R&D投资、人力资本投资之间的关系——基于面板数据的实证研究[J].科技进步与对策,2007(11):128—131.

[92]张杰,刘志彪.转型背景下中国本土企业的出口与创新——基于江苏地区制造业企业的实证研究[J].财贸经济,2008(6):73—78.

[93]张杰等.中国制造业企业创新活动的关键影响因素研

究——基于江苏省制造业企业问卷的分析[J].管理世界,2007(6):64—74.

[94]张黎夫,姜琼.技术创新特征发挥[J].荆州师范学院学报(社科版),1999(3):54—57.

[95]张华胜.中国制造业技术创新能力分析[J].中国软科学,2006(4):15—23.

[96]张少萱.我国出口商品结构及企业竞争力研究——基于企业专利授权量的实证分析[J].财贸经济,2009(12):94—98.

[97]张天顶.出口、直接投资与企业异质性[J].武汉大学学报,2005(2):27—33.

[98]张怀明.技术创新障碍的制度分析[J].南京航空航天大学学报(社会科学版),2002(1):37—41.

[99]郑珊珊,樊一阳.基于 DEA 模型的高技术产业技术创新资源配置效率分析[J].科技管理研究,2010,30(3):133—135.

[100]周方召,刘威,张英.商业零售业上市公司股权结构与绩效分析及相关启示.哈尔滨商业大学学报(社会科学版),2004(2):42—44.

[101]朱平芳,徐伟民.政府的科技激励政策对大中型工业企业 R&D 投入及其专利产出的影响——上海市的实证研究[J].经济研究,2003(6):45—54.

[102]左言庆,董华.企业研发边界影响因素的国外研究综述[J].技术经济,2010(1):24—28.

[103]赵颖.城乡居民收入的收敛性分析[J].农业技术经济,2007(7):25—34.

[104]赵雪峰.我国企业技术创新问题分析以及对策建议

[J]. 科技进步与对策,2000(3):15—21.

[105]邹鲜红等. 基于 DEA 模型的我国医药制造业技术创新相对有效性研究[J]. 科技管理研究,2009(9):252—255.

英文文献

[1]Aghion P. , Nicholas B. , Richard B. Competition and innovation:An inverted U relationship[J]. Quarterly Journal of Economics,2005,20(2):701—728.

[2]Aigner D. J. , Chu S. F. On Estimating the Industry Production Function [J], The American Economic Review 1968,58(4):826—839.

[3]Antoniettil R. and Cainelliet G. , The Role of Spatial Agglomeration in a Structural Model of Innovation,Productivity and Export[J]. The Annals of Regional Science,2011,46 (3):577—600.

[4] Athreye S. ,Keeble D. Technological convergence globalization and ownership in the UK computer industry[J]. Technovation,2000,20 (5):227—245.

[5]Aw. Export Market Participation,Investment in R&D and Worker Training and the Evolution of Firm Productivity [J]. The World Economy 2007(30):83—104.

[6]Barrios S. et al. Explaining Firms' Export Behavior [J]. Oxford Bulletin of Economics and Statistics,2003,65(4):475—496.

[7]Barton D. L. Capability&core Rigidities:A Paradox in Managing New Product Development[J]. Strategic Management,Jan. 13,1992.

[8]Basile. Export behaviour of Italian manufacturing firm over the nineties: the role of innovation[J]. Research Policy, 2001(30):1185—1201.

[9]Battese G. ,Coelli T. A model for technical inefficiency effects in a stochastic frontier production function for panel data[J]. Empirical Economics,1995,20(2):325—332.

[10]Bernard B. et al. Plants and productivity in international trade [J]. American Economic Association,2003,93(4): 1268—1290.

[11]Bertschek I. Product and Process Innovation as a Response to Increasing Imports and Foreign Direct Investment, Journal of Industrial Economics[J],1995,43(4):341—357.

[12]Barro R. , Sala-I-Martin. Convergence Across States and Regions[J]. Brookings Papers on Economic Activity,1991, 22(1):107—182.

[13]Bernard C. , Jones I. Comparing apples to oranges: productivity convergence and measurement across industries and countries[J]. American Economic Review,1996,86(5): 1216 —1238.

[14]Czarnitzki D. Patent Protection,Market Uncertainty, and R&D Investment[J]. The Review Economics and Statistics. 2011,93(1):147—159.

[15]Cyert R. ,March J. A Behavioral Theory of the Firm [M]. Englewood Cliffs. NJ:Prentice -Hall,1963.

[16]Daniel. R&D,firm size and innovation:an enmircial analysis[J]. Papers of www. sciencedirect. com at technovation, 2005(25).

[17]Dollar R. Technological innovation, capital mobility, and the product cycle in North-South trade[J]. American Economic Review,1986,76(3):177—190.

[18]Ehud. Is firm size conducive to R&D choice? [J]. Journal of Economic Behavior & Organization,2000(5).

[19]Enos. Petroleum Progressand Profits:A History of Process Innovation[J]. Cambridge MA:The MIT Press,1962.

[20] Freeman. The Economics of Industrial Innovation [M]. Massachusetts:The MIT Press 1982.

[21]Gambardella. A, Torrisi. S. Does technological convergence imply convergence in markets? Evidence from the electronics industry [J]. Research Policy,1998,27 (5):445—463.

[22]Gunther Ebling & Norbert Janz. Export and Innovation Activities in the German Service Sector Empirical Evidence at the Firm Level[J]. Centre for European Economic Research,1999.

[23]Griliches Z. ,Issues in Assessing the Contribution of R&D to Productivity Growth[J],Bell Journal of Economics, 1979(10):92—116.

[24]Hasan R. et al. Does Investing in Technology Affect Exports? [J]. Review of Development Economics,2003,7(2): 279—293.

[25] Hak-Yeon L. and Young-Tae P. An International Comparison of R&D Efficiency:DEA Approach [J]. Asian Journal of Technology Innovation,2005,13(2):207—222.

[26]Hashimoto A. and Haneda S. Measuring the Change

in R&D Efficiency of the Japanese Pharmaceutical Industry [J]. Research Policy,2008,37(10):1829—1836.

[27]Hansen,G. S. , & Hill,C. W. L. Are institutional investors myopic? A time-series study of four technology-driven industries[J]. Strategy Management Journal,1991,12(1):1—16.

[28]Henderson,R. M. ,Clark,K. B. Architectural Innovation: The Reconfiguration of Existing Product Technologies and the Failure to Establish Firms[J]. Administrative Science Quarterly,1990,29(1):26—42.

[29] Helpman E. Trade, FDI, and the Organization of Firms [J]. American Economic Association,2006,44(3):589—630.

[30]Hollanders H. and Esser F. C. Measuring Innovation Efficiency[J]. INNO-Metrics Thematic Paper. 2007,(12):1—26.

[31]Hoechle D. Robust Standard Errors for Panel Regressions with Cross-sectional Dependence[J]. The Stata Journal. 2007,17(3):281—312.

[32]James Utterback. The Process of Technological Innovation Within the Firm[J]. Academy of Management, 2009 (12).

[33]Joze P. Damijan. Learning from trade through innovation:Causal link between imports,exports and innovation in Spanish Microdata[J]. LICOS Discussion Paper Series Discussion Paper,2010.

[34]Kamien,Schwartz. Self-Financing of an R&D Project

[J]. American Economic Review,1978(68):252—261.

[35]Lall. Determinants of R&D in an LDC -The Indian Engineering Industry[J]. Economics Letters,1983:379—383.

[36]Laursen. The impact of techological opportunity on the dynamics of trade performance[J]. Structural change and economic dynamics,1999(10):341—357.

[37] Malmquist Sten. Index Numbers and Indifference Surfaces[J]. Trabajos de Estadistica. 1953(4):209—232.

[38]Mansfield. Industrial Research and Technological Innovation[M]. Norton:New York,1968.

[39] Martin A. R. Technical Change and Efficiency Measures:the Post-privatisation in the Gas Distribution Sector in Argentina[J]. Energy Economics,2001,23(3):295—304.

[40]Martin,S. ,& Lunn,J. Market,Firm,and Research and Development [J]. Review of Economics and Business,1986,26 (1),31—44.

[41] McFetridge D. G. The Distribution of Research Grants:A Comment and Extension [J]. Economic Record. 1976,52(4):505—512.

[42]Melitz M. The impact of trade on intra-industry reallocations and aggregate industry productivity[J]. Econometrica,2003,71(6):1695—1725.

[43] Moez. R&D and Innovation Empirical Analysis for Tunisian Firms[J]. MPRA Paper No. 18128,2009(10).

[44]Montobbio and Rampa. The impact of technology and structural chang on export performance in nine developping countries[J]. World Developmental,2005. 33(4):527—547.

［45］Nasierowski W. ,Arcelus F. J. On the efficiency of national innovation systems. Socio-Economic Planning Sciences,2003,37(3):215－234.

［46］Oerlemans,L. ,Meeus,M. Do organizational and spatial proximity impact on firm performance［J］. Regional Studies. 2005,39(1):89－104.

［47］Posner M. International trade and technical change ［J］. Oxford Economic Paper,1961,13(3):323－341.

［48］Rana Hasan,Mayank Raturi. Does Investing in Technology Affect Exports? Evidence from Indian Firms. Review of Development Economics,2003(7).

［49］Rolf F. et al. Productivity Growth,Technical Progress,and Efficiency Change in Industrialized Countries［J］. American Economic Review,2004,84(1):66－83.

［50］Scherer F. M. Firm Size、Market Structure、Opportunity and the Output of Patented Inventions［J］. American Economic Review,1965:1097－1125.

［51］Schumpeter. The Theory of Economic Development: An Inquiry into Profits,Capital,Credit,Interest and the Business Cycle［M］. Cambridge MA: Harvard University Press, 1912.

［52］Shekhar,Vikram. Evaluation of Potential of Innovations:A DEA-Based Application to U. S. Photovoltaic Industry ［J］. IEEE Transactions on Engineering Management,2009,56 (3):478－493.

［53］Skuras,D. ,Tsegenidi,K. ,Tsekouras,K. Product Innovation and the Decision to Invest in Fixed Capital Assets:

Evidence from an SME Survey in Six European Union Member States[J]. Research Policy. 2008,37(10):1778—1789.

[54] Smolny, W. Determinants of Innovation Behaviour and Investment Estimates for West-German manufacturing firms[J]. Economics of Innovation and New Technology. 2003, 12(5):449—463.

[55] Wignaraja G. ,FDI and Innovation as Drivers of Export Behavior [J]. UNU-MERIT Working Paper No. 2008—061,2008.

[56] Winter G. Schumpeterian competition in alternative technological regimes[J]. Journal of Economic Behavior & Organization,1984,5(3/4):287—320.

[57] Yasuda, Takehiko. Firm Growth, Size, Age and Behavior in Japanese Manufacturing[J]. Small Business Economics,2005,24(1):1—15.

[58] Yeapal S. A Simple Model of Firm Heterogeneity International Trade and Wage[J]. Journal of International Economics,2005,65(1):1—20.

附录
出口企业样本名录

股票代码	股票简称	公司名称	行业名称	行业代码
000045	深纺织 A	深圳市纺织（集团）股份有限公司	纺织业	C1
000726	鲁泰 A	鲁泰纺织股份有限公司	纺织业	C1
000779	三毛派神	兰州三毛实业股份有限公司	纺织业	C1
000810	华润锦华	华润锦华股份有限公司	纺织业	C1
000813	天山纺织	新疆天山毛纺织股份有限公司	纺织业	C1
000902	＊ST 中服	中国服装股份有限公司	服装及其他纤维制品制造业	C1
000976	＊ST 春晖	广东开平春晖股份有限公司	纺织业	C1
000982	中银绒业	宁夏中银绒业股份有限公司	纺织业	C1
002015	霞客环保	江苏霞客环保色纺股份有限公司	纺织业	C1
002029	七匹狼	福建七匹狼实业股份有限公司	服装及其他纤维制品制造业	C1

续表

股票代码	股票简称	公司名称	行业名称	行业代码
002034	美欣达	浙江美欣达印染集团股份有限公司	纺织业	C1
002036	宜科科技	宁波宜科科技实业股份有限公司	纺织业	C1
002042	华孚色纺	华孚色纺股份有限公司	纺织业	C1
002044	江苏三友	江苏三友集团股份有限公司	服装及其他纤维制品制造业	C1
002070	众和股份	福建众和股份有限公司	纺织业	C1
002072	＊ST德棉	山东德棉股份有限公司	纺织业	C1
002083	孚日股份	孚日集团股份有限公司	纺织业	C1
002087	新野纺织	河南新野纺织股份有限公司	纺织业	C1
002144	宏达高科	宏达高科控股股份有限公司	纺织业	C1
002193	山东如意	山东济宁如意毛纺织股份有限公司	纺织业	C1
002239	金飞达	江苏金飞达服装股份有限公司	服装及其他纤维制品制造业	C1
600070	浙江富润	浙江富润股份有限公司	纺织业	C1
600107	美尔雅	湖北美尔雅股份有限公司	服装及其他纤维制品制造业	C1
600152	维科精华	宁波维科精华集团股份有限公司	纺织业	C1

续表

股票代码	股票简称	公司名称	行业名称	行业代码
600156	华升股份	湖南华升股份有限公司	纺织业	C1
600177	雅戈尔	雅戈尔集团股份有限公司	服装及其他纤维制品制造业	C1
600220	江苏阳光	江苏阳光股份有限公司	纺织业	C1
600232	金鹰股份	浙江金鹰股份有限公司	纺织业	C1
600233	大杨创世	大连大杨创世股份有限公司	服装及其他纤维制品制造业	C1
600241	时代万恒	辽宁时代万恒股份有限公司	服装及其他纤维制品制造业	C1
600273	华芳纺织	华芳纺织股份有限公司	纺织业	C1
600295	鄂尔多斯	内蒙古鄂尔多斯羊绒制品股份有限公司	服装及其他纤维制品制造业	C1
600370	三房巷	江苏三房巷实业股份有限公司	纺织业	C1
600398	凯诺科技	凯诺科技股份有限公司	纺织业	C1
600439	瑞贝卡	河南瑞贝卡发制品股份有限公司	皮革、毛皮、羽绒及制品制造业	C1
600448	华纺股份	华纺股份有限公司	纺织业	C1
600493	凤竹纺织	福建凤竹纺织科技股份有限公司	纺织业	C1
600510	黑牡丹	黑牡丹(集团)股份有限公司	服装及其他纤维制品制造业	C1

续表

股票代码	股票简称	公司名称	行业名称	行业代码
600626	申达股份	上海申达股份有限公司	纺织业	C1
600677	航天通信	航天通信控股集团股份有限公司	纺织业	C1
600689	上海三毛	上海三毛企业(集团)股份有限公司	服装及其他纤维制品制造业	C1
600851	海欣股份	上海海欣集团股份有限公司	皮革、毛皮、羽绒及制品制造业	C1
000420	吉林化纤	吉林化纤股份有限公司	化学纤维制造业	C4
000422	湖北宜化	湖北宜化化工股份有限公司	化学原料及化学制品制造业	C4
000523	广州浪奇	广州市浪奇实业股份有限公司	化学原料及化学制品制造业	C4
000553	沙隆达A	湖北沙隆达股份有限公司	化学原料及化学制品制造业	C4
000589	黔轮胎A	贵州轮胎股份有限公司	橡胶制造业	C4
000599	青岛双星	青岛双星股份有限公司	橡胶制造业	C4
000615	湖北金环	湖北金环股份有限公司	化学纤维制造业	C4
000627	天茂集团	天茂实业集团股份有限公司	化学原料及化学制品制造业	C4
000635	英力特	宁夏英力特化工股份有限公司	化学原料及化学制品制造业	C4
000677	山东海龙	山东海龙股份有限公司	化学纤维制造业	C4

续表

股票代码	股票简称	公司名称	行业名称	行业代码
000687	保定天鹅	保定天鹅股份有限公司	化学纤维制造业	C4
000737	南风化工	南风化工集团股份有限公司	化学原料及化学制品制造业	C4
000782	美达股份	广东新会美达锦纶股份有限公司	化学原料及化学制品制造业	C4
000818	*ST化工	方大锦化化工科技股份有限公司	化学原料及化学制品制造业	C4
000822	山东海化	山东海化股份有限公司	化学原料及化学制品制造业	C4
000830	鲁西化工	山东鲁西化工股份有限公司	化学原料及化学制品制造业	C4
000859	国风塑业	安徽国风塑业股份有限公司	塑料制造业	C4
000887	中鼎股份	安徽中鼎密封件股份有限公司	橡胶制造业	C4
000949	新乡化纤	新乡化纤股份有限公司	化学纤维制造业	C4
000950	建峰化工	重庆建峰化工股份有限公司	化学原料及化学制品制造业	C4
000985	大庆华科	大庆华科股份有限公司	化学原料及化学制品制造业	C4
002001	新和成	浙江新和成股份有限公司	化学原料及化学制品制造业	C4
002018	华星化工	安徽华星化工股份有限公司	化学原料及化学制品制造业	C4
002019	鑫富药业	浙江杭州鑫富药业股份有限公司	化学原料及化学制品制造业	C4

续表

股票代码	股票简称	公司名称	行业名称	行业代码
002061	江山化工	浙江江山化工股份有限公司	化学原料及化学制品制造业	C4
002064	华峰氨纶	浙江华峰氨纶股份有限公司	化学纤维制造业	C4
002068	黑猫股份	江西黑猫炭黑股份有限公司	化学原料及化学制品制造业	C4
002092	中泰化学	新疆中泰化学（集团)股份有限公司	化学原料及化学制品制造业	C4
002094	青岛金王	青岛金王应用化学股份有限公司	化学原料及化学制品制造业	C4
002125	湘潭电化	湘潭电化科技股份有限公司	化学原料及化学制品制造业	C4
002127	新民科技	江苏新民纺织科技股份有限公司	化学纤维制造业	C4
002136	安纳达	安徽安纳达钛业股份有限公司	化学原料及化学制品制造业	C4
002165	红宝丽	南京红宝丽股份有限公司	化学原料及化学制品制造业	C4
002167	东方锆业	广东东方锆业科技股份有限公司	化学原料及化学制品制造业	C4
002172	澳洋科技	江苏澳洋科技股份有限公司	化学纤维制造业	C4
002206	海利得	浙江海利得新材料股份有限公司	化学纤维制造业	C4
002224	三力士	浙江三力士橡胶股份有限公司	橡胶制造业	C4
002243	通产丽星	深圳市通产丽星股份有限公司	塑料制造业	C4

续表

股票代码	股票简称	公司名称	行业名称	行业代码
002246	北化股份	四川北方硝化棉股份有限公司	化学原料及化学制品制造业	C4
002250	联化科技	联化科技股份有限公司	化学原料及化学制品制造业	C4
002254	烟台氨纶	烟台氨纶股份有限公司	化学纤维制造业	C4
002256	彩虹精化	深圳市彩虹精细化工股份有限公司	化学原料及化学制品制造业	C4
002258	利尔化学	利尔化学股份有限公司	化学原料及化学制品制造业	C4
002263	大东南	浙江大东南包装股份有限公司	塑料制造业	C4
600061	中纺投资	中纺投资发展股份有限公司	化学纤维制造业	C4
600063	皖维高新	安徽皖维高新材料股份有限公司	化学纤维制造业	C4
600078	澄星股份	江苏澄星磷化工股份有限公司	化学原料及化学制品制造业	C4
600096	云天化	云南云天化股份有限公司	化学原料及化学制品制造业	C4
600135	乐凯胶片	乐凯胶片股份有限公司	化学原料及化学制品制造业	C4
600141	兴发集团	湖北兴发化工集团股份有限公司	化学原料及化学制品制造业	C4
600143	金发科技	金发科技股份有限公司	塑料制造业	C4
600176	中国玻纤	中国玻纤股份有限公司	化学原料及化学制品制造业	C4

续表

股票代码	股票简称	公司名称	行业名称	行业代码
600182	佳通轮胎	佳通轮胎股份有限公司	橡胶制造业	C4
600226	升华拜克	浙江升华拜克生物股份有限公司	化学原料及化学制品制造业	C4
600229	青岛碱业	青岛碱业股份有限公司	化学原料及化学制品制造业	C4
600249	两面针	柳州两面针股份有限公司	化学原料及化学制品制造业	C4
600309	烟台万华	烟台万华聚氨酯股份有限公司	化学原料及化学制品制造业	C4
600319	亚星化学	潍坊亚星化学股份有限公司	化学原料及化学制品制造业	C4
600328	兰太实业	内蒙古兰太实业股份有限公司	化学原料及化学制品制造业	C4
600352	浙江龙盛	浙江龙盛集团股份有限公司	化学原料及化学制品制造业	C4
600367	红星发展	贵州红星发展股份有限公司	化学原料及化学制品制造业	C4
600389	江山股份	南通江山农药化工股份有限公司	化学原料及化学制品制造业	C4
600408	安泰集团	山西安泰集团股份有限公司	石油加工及炼焦业	C4
600409	三友化工	唐山三友化工股份有限公司	化学原料及化学制品制造业	C4
600426	华鲁恒升	山东华鲁恒升化工股份有限公司	化学原料及化学制品制造业	C4
600458	时代新材	株洲时代新材料科技股份有限公司	橡胶制造业	C4

续表

股票代码	股票简称	公司名称	行业名称	行业代码
600470	六国化工	安徽六国化工股份有限公司	化学原料及化学制品制造业	C4
600486	扬农化工	江苏扬农化工股份有限公司	化学原料及化学制品制造业	C4
600490	*ST合臣	上海中科合臣股份有限公司	化学原料及化学制品制造业	C4
600532	华阳科技	山东华阳科技股份有限公司	化学原料及化学制品制造业	C4
600579	ST黄海	青岛黄海橡胶股份有限公司	橡胶制造业	C4
600596	新安股份	浙江新安化工集团股份有限公司	化学原料及化学制品制造业	C4
600599	熊猫烟花	熊猫烟花集团股份有限公司	化学原料及化学制品制造业	C4
600623	双钱股份	双钱集团股份有限公司	橡胶制造业	C4
600667	太极实业	无锡市太极实业股份有限公司	化学纤维制造业	C4
600725	云维股份	云南云维股份有限公司	化学原料及化学制品制造业	C4
600731	湖南海利	湖南海利化工股份有限公司	化学原料及化学制品制造业	C4
600803	威远生化	河北威远生物化工股份有限公司	化学原料及化学制品制造业	C4
600810	神马股份	神马实业股份有限公司	化学纤维制造业	C4
600882	大成股份	山东大成农药股份有限公司	化学原料及化学制品制造业	C4

续表

股票代码	股票简称	公司名称	行业名称	行业代码
000016	深康佳 A	康佳集团股份有限公司	日用电子器具制造业	C5
000032	深桑达 A	深圳市桑达实业股份有限公司	其他电子设备制造业	C5
000050	深天马 A	天马微电子股份有限公司	电子元器件制造业	C5
000100	TCL 集团	TCL 集团股份有限公司	日用电子器具制造业	C5
000536	华映科技	华映科技（集团）股份有限公司	电子元器件制造业	C5
000636	风华高科	广东风华高新科技股份有限公司	电子元器件制造业	C5
000697	＊ST 偏转	咸阳偏转股份有限公司	电子元器件制造业	C5
000725	京东方 A	京东方科技集团股份有限公司	电子元器件制造业	C5
000727	华东科技	南京华东电子信息科技股份有限公司	电子元器件制造业	C5
000733	振华科技	中国振华（集团）科技股份有限公司	电子元器件制造业	C5
000823	超声电子	广东汕头超声电子股份有限公司	电子元器件制造业	C5
000970	中科三环	北京中科三环高技术股份有限公司	电子元器件制造业	C5
000988	华工科技	华工科技产业股份有限公司	其他电子设备制造业	C5
002008	大族激光	深圳市大族激光科技股份有限公司	其他电子设备制造业	C5

续表

股票代码	股票简称	公司名称	行业名称	行业代码
002045	广州国光	国光电器股份有限公司	电子元器件制造业	C5
002049	晶源电子	唐山晶源裕丰电子股份有限公司	电子元器件制造业	C5
002056	横店东磁	横店集团东磁股份有限公司	电子元器件制造业	C5
002076	雪莱特	广东雪莱特光电科技股份有限公司	日用电子器具制造业	C5
002079	苏州固锝	苏州固锝电子股份有限公司	电子元器件制造业	C5
002106	莱宝高科	深圳莱宝高科技股份有限公司	电子元器件制造业	C5
002129	中环股份	天津中环半导体股份有限公司	电子元器件制造业	C5
002130	沃尔核材	深圳市沃尔核材股份有限公司	电子元器件制造业	C5
002134	天津普林	天津普林电路股份有限公司	电子元器件制造业	C5
002137	实益达	深圳市实益达科技股份有限公司	电子元器件制造业	C5
002138	顺络电子	深圳顺络电子股份有限公司	电子元器件制造业	C5
002139	拓邦股份	深圳拓邦股份有限公司	日用电子器具制造业	C5
002141	蓉胜超微	广东蓉胜超微线材股份有限公司	电子元器件制造业	C5
002156	通富微电	南通富士通微电子股份有限公司	电子元器件制造业	C5

续表

股票代码	股票简称	公司名称	行业名称	行业代码
002185	华天科技	天水华天科技股份有限公司	电子元器件制造业	C5
002199	东晶电子	浙江东晶电子股份有限公司	电子元器件制造业	C5
002218	拓日新能	深圳市拓日新能源科技股份有限公司	其他电子设备制造业	C5
002222	福晶科技	福建福晶科技股份有限公司	电子元器件制造业	C5
002236	大华股份	浙江大华技术股份有限公司	其他电子设备制造业	C5
002241	歌尔声学	歌尔声学股份有限公司	电子元器件制造业	C5
002273	水晶光电	浙江水晶光电科技股份有限公司	电子元器件制造业	C5
600060	海信电器	青岛海信电器股份有限公司	日用电子器具制造业	C5
600171	上海贝岭	上海贝岭股份有限公司	电子元器件制造业	C5
600183	生益科技	广东生益科技股份有限公司	电子元器件制造业	C5
600203	福日电子	福建福日电子股份有限公司	日用电子器具制造业	C5
600206	有研硅股	有研半导体材料股份有限公司	电子元器件制造业	C5
600207	ST安彩	河南安彩高科股份有限公司	电子元器件制造业	C5
600261	阳光照明	浙江阳光照明电器集团股份有限公司	日用电子器具制造业	C5

续表

股票代码	股票简称	公司名称	行业名称	行业代码
600330	天通股份	天通控股股份有限公司	电子元器件制造业	C5
600360	华微电子	吉林华微电子股份有限公司	电子元器件制造业	C5
600363	联创光电	江西联创光电科技股份有限公司	电子元器件制造业	C5
600405	动力源	北京动力源科技股份有限公司	其他电子设备制造业	C5
600460	士兰微	杭州士兰微电子股份有限公司	电子元器件制造业	C5
600478	科力远	湖南科力远新能源股份有限公司	电子元器件制造业	C5
600563	法拉电子	厦门法拉电子股份有限公司	电子元器件制造业	C5
600584	长电科技	江苏长电科技股份有限公司	电子元器件制造业	C5
600602	广电电子	上海广电电子股份有限公司	电子元器件制造业	C5
600637	广电信息	上海广电信息产业股份有限公司	日用电子器具制造业	C5
600707	彩虹股份	彩虹显示器件股份有限公司	日用电子器具制造业	C5
600747	大连控股	大连大显控股股份有限公司	日用电子器具制造业	C5
600839	四川长虹	四川长虹电器股份有限公司	日用电子器具制造业	C5
600870	ST 厦华	厦门华侨电子股份有限公司	日用电子器具制造业	C5

续表

股票代码	股票简称	公司名称	行业名称	行业代码
600980	北矿磁材	北矿磁材科技股份有限公司	电子元器件制造业	C5
000012	南玻 A	中国南玻集团股份有限公司	非金属矿物制品业	C6
000039	中集集团	中国国际海运集装箱(集团)股份有限公司	金属制品业	C6
000055	方大集团	方大集团股份有限公司	金属制品业	C6
000060	中金岭南	圳市中金岭南有色金属股份有限公司	有色金属冶炼及压延加工业	C6
000612	焦作万方	焦作万方铝业股份有限公司	有色金属冶炼及压延加工业	C6
000629	*ST 钒钛	攀钢集团钢铁钒钛股份有限公司	黑色金属冶炼及压延加工业	C6
000708	大冶特钢	大冶特殊钢股份有限公司	黑色金属冶炼及压延加工业	C6
000761	本钢板材	本钢板材股份有限公司	黑色金属冶炼及压延加工业	C6
000778	新兴铸管	新兴铸管股份有限公司	金属制品业	C6
000786	北新建材	北新集团建材股份有限公司	非金属矿物制品业	C6
000807	云铝股份	云南铝业股份有限公司	有色金属冶炼及压延加工业	C6
000890	法尔胜	江苏法尔胜股份有限公司	金属制品业	C6

续表

股票代码	股票简称	公司名称	行业名称	行业代码
000898	鞍钢股份	鞍钢股份有限公司	黑色金属冶炼及压延加工业	C6
000928	中钢吉炭	中钢集团吉林炭素股份有限公司	非金属矿物制品业	C6
000932	华菱钢铁	湖南华菱钢铁股份有限公司	黑色金属冶炼及压延加工业	C6
000959	首钢股份	北京首钢股份有限公司	黑色金属冶炼及压延加工业	C6
000960	锡业股份	云南锡业股份有限公司	有色金属冶炼及压延加工业	C6
000962	东方钽业	宁夏东方钽业股份有限公司	有色金属冶炼及压延加工业	C6
002026	山东威达	山东威达机械股份有限公司	银行业	C6
002032	苏泊尔	浙江苏泊尔股份有限公司	金属制品业	C6
002047	成霖股份	深圳成霖洁具股份有限公司	金属制品业	C6
002066	瑞泰科技	瑞泰科技股份有限公司	非金属矿物制品业	C6
002071	江苏宏宝	江苏宏宝五金股份有限公司	金属制品业	C6
002080	中材科技	中材科技股份有限公司	非金属矿物制品业	C6
002084	海鸥卫浴	广州海鸥卫浴用品股份有限公司	金属制品业	C6
002088	鲁阳股份	山东鲁阳股份有限公司	非金属矿物制品业	C6

续表

股票代码	股票简称	公司名称	行业名称	行业代码
002132	恒星科技	河南恒星科技股份有限公司	金属制品业	C6
002150	江苏通润	江苏通润装备科技股份有限公司	金属制品业	C6
002160	常铝股份	江苏常铝铝业股份有限公司	有色金属冶炼及压延加工业	C6
002162	斯米克	上海斯米克建筑陶瓷股份有限公司	非金属矿物制品业	C6
002182	云海金属	南京云海特种金属股份有限公司	有色金属冶炼及压延加工业	C6
002201	九鼎新材	江苏九鼎新材料股份有限公司	非金属矿物制品业	C6
002203	海亮股份	浙江海亮股份有限公司	有色金属冶炼及压延加工业	C6
002225	濮耐股份	濮阳濮耐高温材料（集团）股份有限公司	非金属矿物制品业	C6
600010	包钢股份	内蒙古包钢钢联股份有限公司	黑色金属冶炼及压延加工业	C6
600019	宝钢股份	宝山钢铁股份有限公司	黑色金属冶炼及压延加工业	C6
600111	包钢稀土	内蒙古包钢稀土（集团）高科技股份有限公司	有色金属冶炼及压延加工业	C6
600114	东睦股份	东睦新材料集团股份有限公司	金属制品业	C6
600165	宁夏恒力	宁夏恒力钢丝绳股份有限公司	金属制品业	C6

续表

股票代码	股票简称	公司名称	行业名称	行业代码
600172	黄河旋风	河南黄河旋风股份有限公司	非金属矿物制品业	C6
600184	光电股份	北方光电股份有限公司	非金属矿物制品业	C6
600219	南山铝业	山东南山铝业股份有限公司	有色金属冶炼及压延加工业	C6
600282	南钢股份	南京钢铁股份有限公司	黑色金属冶炼及压延加工业	C6
600362	江西铜业	江西铜业股份有限公司	有色金属冶炼及压延加工业	C6
600399	抚顺特钢	抚顺特殊钢股份有限公司	黑色金属冶炼及压延加工业	C6
600432	吉恩镍业	吉林吉恩镍业股份有限公司	有色金属冶炼及压延加工业	C6
600456	宝钛股份	宝鸡钛业股份有限公司	有色金属冶炼及压延加工业	C6
600459	贵研铂业	贵研铂业股份有限公司	有色金属冶炼及压延加工业	C6
600529	山东药玻	山东省药用玻璃股份有限公司	非金属矿物制品业	C6
600531	豫光金铅	河南豫光金铅股份有限公司	有色金属冶炼及压延加工业	C6
600549	厦门钨业	厦门钨业股份有限公司	有色金属冶炼及压延加工业	C6
600552	方兴科技	安徽方兴科技股份有限公司	非金属矿物制品业	C6
600558	大西洋	四川大西洋焊接材料股份有限公司	金属制品业	C6

续表

股票代码	股票简称	公司名称	行业名称	行业代码
600562	高淳陶瓷	江苏高淳陶瓷股份有限公司	非金属矿物制品业	C6
600569	安阳钢铁	安阳钢铁股份有限公司	黑色金属冶炼及压延加工业	C6
600585	海螺水泥	安徽海螺水泥股份有限公司	非金属矿物制品业	C6
600586	金晶科技	山东金晶科技股份有限公司	非金属矿物制品业	C6
600589	广东榕泰	广东榕泰实业股份有限公司	非金属矿物制品业	C6
600595	中孚实业	河南中孚实业股份有限公司	有色金属冶炼及压延加工业	C6
600660	福耀玻璃	福耀玻璃工业集团股份有限公司	非金属矿物制品业	C6
600673	东阳光铝	广东东阳光铝业股份有限公司	有色金属冶炼及压延加工业	C6
600782	新钢股份	新余钢铁股份有限公司	金属制品业	C6
600792	ST马龙	云南马龙产业集团股份有限公司	非金属矿物制品业	C6
600801	华新水泥	华新水泥股份有限公司	非金属矿物制品业	C6
600808	马钢股份	马鞍山钢铁股份有限公司	黑色金属冶炼及压延加工业	C6
600819	耀皮玻璃	上海耀华皮尔金顿玻璃股份有限公司	非金属矿物制品业	C6
600888	新疆众和	新疆众和股份有限公司	有色金属冶炼及压延加工业	C6

续表

股票代码	股票简称	公司名称	行业名称	行业代码
600894	广钢股份	广州钢铁股份有限公司	黑色金属冶炼及压延加工业	C6
600961	株冶集团	株洲冶炼集团股份有限公司	有色金属冶炼及压延加工业	C6
600992	贵绳股份	贵州钢绳股份有限公司	金属制品业	C6
601003	柳钢股份	柳州钢铁股份有限公司	黑色金属冶炼及压延加工业	C6
000157	中联重科	长沙中联重工科技发展股份有限公司	专用设备制造业	C7
000338	潍柴动力	潍柴动力股份有限公司	交通运输设备制造业	C7
000404	华意压缩	华意压缩机股份有限公司	专用设备制造业	C7
000410	沈阳机床	沈阳机床股份有限公司	普通机械制造业	C7
000418	小天鹅 A	无锡小天鹅股份有限公司	电器机械及器材制造业	C7
000425	徐工机械	徐工集团工程机械股份有限公司	专用设备制造业	C7
000519	江南红箭	湖南江南红箭股份有限公司	普通机械制造业	C7
000521	美菱电器	合肥美菱股份有限公司	电器机械及器材制造业	C7
000527	美的电器	广东美的电器股份有限公司	电器机械及器材制造业	C7
000528	柳工	广西柳工机械股份有限公司	专用设备制造业	C7

续表

股票代码	股票简称	公司名称	行业名称	行业代码
000541	佛山照明	佛山电器照明股份有限公司	电器机械及器材制造业	C7
000551	创元科技	创元科技股份有限公司	普通机械制造业	C7
000570	苏常柴A	常柴股份有限公司	普通机械制造业	C7
000571	新大洲A	新大洲控股股份有限公司	交通运输设备制造业	C7
000595	西北轴承	西北轴承股份有限公司	普通机械制造业	C7
000607	华智控股	重庆华智控股股份有限公司	仪器仪表及文化、办公用机械制造业	C7
000611	时代科技	内蒙古时代科技股份有限公司	仪器仪表及文化、办公用机械制造业	C7
000617	石油济柴	济南柴油机股份有限公司	普通机械制造业	C7
000625	长安汽车	重庆长安汽车股份有限公司	交通运输设备制造业	C7
000651	格力电器	珠海格力电器股份有限公司	电器机械及器材制造业	C7
000666	经纬纺机	经纬纺织机械股份有限公司	专用设备制造业	C7
000680	山推股份	山推工程机械股份有限公司	专用设备制造业	C7
000710	天兴仪表	成都天兴仪表股份有限公司	交通运输设备制造业	C7
000768	西飞国际	西安飞机国际航空制造股份有限公司	交通运输设备制造业	C7

续表

股票代码	股票简称	公司名称	行业名称	行业代码
000777	中核科技	中核苏阀科技实业股份有限公司	普通机械制造业	C7
000811	烟台冰轮	烟台冰轮股份有限公司	普通机械制造业	C7
000816	江淮动力	江苏江淮动力股份有限公司	普通机械制造业	C7
000821	京山轻机	湖北京山轻工机械股份有限公司	专用设备制造业	C7
000837	秦川发展	陕西秦川机械发展股份有限公司	普通机械制造业	C7
000852	江钻股份	江汉石油钻头股份有限公司	专用设备制造业	C7
000868	安凯客车	安徽安凯汽车股份有限公司	交通运输设备制造业	C7
000883	湖北能源	湖北能源集团股份有限公司	交通运输设备制造业	C7
000913	钱江摩托	浙江钱江摩托股份有限公司	交通运输设备制造业	C7
000923	河北宣工	河北宣化工程机械股份有限公司	专用设备制造业	C7
000957	中通客车	中通客车控股股份有限公司	交通运输设备制造业	C7
001696	宗申动力	重庆宗申动力机械股份有限公司	交通运输设备制造业	C7
002005	德豪润达	广东德豪润达电气股份有限公司	电器机械及器材制造业	C7
002006	精功科技	浙江精功科技股份有限公司	专用设备制造业	C7

续表

股票代码	股票简称	公司名称	行业名称	行业代码
002009	天奇股份	江苏天奇物流系统工程股份有限公司	专用设备制造业	C7
002011	盾安环境	浙江盾安人工环境股份有限公司	普通机械制造业	C7
002013	中航精机	湖北中航精机科技股份有限公司	交通运输设备制造业	C7
002021	中捷股份	中捷缝纫机股份有限公司	专用设备制造业	C7
002031	巨轮股份	广东巨轮模具股份有限公司	专用设备制造业	C7
002050	三花股份	浙江三花股份有限公司	普通机械制造业	C7
002085	万丰奥威	浙江万丰奥威汽轮股份有限公司	交通运输设备制造业	C7
002097	山河智能	湖南山河智能机械股份有限公司	专用设备制造业	C7
002101	广东鸿图	广东鸿图科技股份有限公司	普通机械制造业	C7
002111	威海广泰	威海广泰空港设备股份有限公司	专用设备制造业	C7
002126	银轮股份	浙江银轮机械股份有限公司	交通运输设备制造业	C7
002131	利欧股份	浙江利欧股份有限公司	专用设备制造业	C7
002152	广电运通	广州广电运通金融电子股份有限公司	专用设备制造业	C7
002175	广陆数测	桂林广陆数字测控股份有限公司	仪器仪表及文化、办公用机械制造业	C7

续表

股票代码	股票简称	公司名称	行业名称	行业代码
002177	御银股份	广州御银科技股份有限公司	专用设备制造业	C7
002189	利达光电	利达光电股份有限公司	仪器仪表及文化、办公用机械制造业	C7
002196	方正电机	浙江方正电机股份有限公司	专用设备制造业	C7
002197	证通电子	深圳市证通电子股份有限公司	专用设备制造业	C7
002204	华锐铸钢	大连华锐重工铸钢股份有限公司	普通机械制造业	C7
002209	达意隆	广州达意隆包装机械股份有限公司	专用设备制造业	C7
002223	鱼跃医疗	江苏鱼跃医疗设备股份有限公司	专用设备制造业	C7
002248	华东数控	威海华东数控股份有限公司	普通机械制造业	C7
002249	大洋电机	中山大洋电机股份有限公司	电器机械及器材制造业	C7
002255	海陆重工	苏州海陆重工股份有限公司	普通机械制造业	C7
002260	伊立浦	广东伊立浦电器股份有限公司	电器机械及器材制造业	C7
002266	浙富股份	浙江富春江水电设备股份有限公司	电器机械及器材制造业	C7
002270	法因数控	山东法因数控机械股份有限公司	金属加工机械制造业	C7
600031	三一重工	三一重工股份有限公司	交通运输设备制造业	C7

续表

股票代码	股票简称	公司名称	行业名称	行业代码
600055	万东医疗	北京万东医疗装备股份有限公司	专用设备制造业	C7
600066	宇通客车	郑州宇通客车股份有限公司	交通运输设备制造业	C7
600071	凤凰光学	凤凰光学股份有限公司	仪器仪表及文化、办公用机械制造业	C7
600072	中船股份	中船江南重工股份有限公司	专用设备制造业	C7
600089	特变电工	特变电工股份有限公司	电器机械及器材制造业	C7
600099	林海股份	林海股份有限公司	交通运输设备制造业	C7
600104	上海汽车	上海汽车集团股份有限公司	交通运输设备制造业	C7
600150	中国船舶	中国船舶工业股份有限公司	专用设备制造业	C7
600151	航天机电	上海航天汽车机电股份有限公司	交通运输设备制造业	C7
600166	福田汽车	北汽福田汽车股份有限公司	交通运输设备制造业	C7
600169	太原重工	太原重工股份有限公司	专用设备制造业	C7
600192	长城电工	兰州长城电工股份有限公司	电器机械及器材制造业	C7
600213	亚星客车	扬州亚星客车股份有限公司	交通运输设备制造业	C7
600262	北方股份	内蒙古北方重型汽车股份有限公司	专用设备制造业	C7
600302	标准股份	西安标准工业股份有限公司	专用设备制造业	C7

续表

股票代码	股票简称	公司名称	行业名称	行业代码
600303	曙光股份	辽宁曙光汽车集团股份有限公司	交通运输设备制造业	C7
600316	洪都航空	江西洪都航空工业股份有限公司	交通运输设备制造业	C7
600320	振华重工	上海振华重工(集团)股份有限公司	专用设备制造业	C7
600335	鼎盛天工	鼎盛天工工程机械股份有限公司	普通机械制造业	C7
600336	澳柯玛	青岛澳柯玛股份有限公司	电器机械及器材制造业	C7
600340	ST国祥	浙江国祥制冷工业股份有限公司	电器机械及器材制造业	C7
600346	大橡塑	大连橡胶塑料机械股份有限公司	专用设备制造业	C7
600366	宁波韵升	宁波韵升股份有限公司	仪器仪表及文化、办公用机械制造业	C7
600388	龙净环保	福建龙净环保股份有限公司	专用设备制造业	C7
600391	成发科技	四川成发航空科技股份有限公司	交通运输设备制造业	C7
600418	江淮汽车	安徽江淮汽车股份有限公司	交通运输设备制造业	C7
600469	风神股份	风神轮胎股份有限公司	交通运输设备制造业	C7
600495	晋西车轴	晋西车轴股份有限公司	交通运输设备制造业	C7
600499	科达机电	广东科达机电股份有限公司	专用设备制造业	C7

续表

股票代码	股票简称	公司名称	行业名称	行业代码
600501	航天晨光	航天晨光股份有限公司	交通运输设备制造业	C7
600520	三佳科技	铜陵三佳科技股份有限公司	电器机械及器材制造业	C7
600526	菲达环保	浙江菲达环保科技股份有限公司	专用设备制造业	C7
600550	天威保变	保定天威保变电气股份有限公司	电器机械及器材制造业	C7
600577	精达股份	铜陵精达特种电磁线股份有限公司	电器机械及器材制造业	C7
600580	卧龙电气	卧龙电气集团股份有限公司	电器机械及器材制造业	C7
600587	新华医疗	山东新华医疗器械股份有限公司	专用设备制造业	C7
600590	泰豪科技	泰豪科技股份有限公司	电器机械及器材制造业	C7
600592	龙溪股份	福建龙溪轴承(集团)股份有限公司	普通机械制造业	C7
600604	ST 二纺	上海二纺机股份有限公司	专用设备制造业	C7
600619	海立股份	上海海立(集团)股份有限公司	电器机械及器材制造业	C7
600651	飞乐音响	上海飞乐音响股份有限公司	综合类	C7
600679	金山开发	金山开发建设股份有限公司	交通运输设备制造业	C7
600685	广船国际	广州广船国际股份有限公司	交通运输设备制造业	C7

续表

股票代码	股票简称	公司名称	行业名称	行业代码
600686	金龙汽车	厦门金龙汽车集团股份有限公司	交通运输设备制造业	C7
600690	青岛海尔	青岛海尔股份有限公司	电器机械及器材制造业	C7
600698	ST轻骑	济南轻骑摩托车股份有限公司	交通运输设备制造业	C7
600710	常林股份	常林股份有限公司	专用设备制造业	C7
600724	宁波富达	宁波富达股份有限公司	电器机械及器材制造业	C7
600761	安徽合力	安徽合力股份有限公司	专用设备制造业	C7
600765	中航重机	中航重机股份有限公司	普通机械制造业	C7
600818	中路股份	中路股份有限公司	交通运输设备制造业	C7
600835	上海机电	上海机电股份有限公司	电器机械及器材制造业	C7
600841	上柴股份	上海柴油机股份有限公司	普通机械制造业	C7
600843	上工申贝	上工申贝(集团)股份有限公司	专用设备制造业	C7
600848	自仪股份	上海自动化仪表股份有限公司	仪器仪表及文化、办公用机械制造业	C7
600854	ST春兰	江苏春兰制冷设备股份有限公司	电器机械及器材制造业	C7
600855	航天长峰	北京航天长峰股份有限公司	专用设备制造业	C7
600862	南通科技	南通科技投资集团股份有限公司	普通机械制造业	C7

续表

股票代码	股票简称	公司名称	行业名称	行业代码
600877	中国嘉陵	中国嘉陵工业股份有限公司(集团)	交通运输设备制造业	C7
600960	滨州活塞	山东滨州渤海活塞股份有限公司	交通运输设备制造业	C7
601002	晋亿实业	晋亿实业股份有限公司	普通机械制造业	C7
601727	上海电气	上海电气集团股份有限公司	电器机械及器材制造业	C7
000513	丽珠集团	丽珠医药集团股份有限公司	医药制造业	C8
000597	东北制药	东北制药集团股份有限公司	医药制造业	C8
000739	普洛股份	普洛股份有限公司	医药制造业	C8
000756	新华制药	山东新华制药股份有限公司	医药制造业	C8
000788	西南合成	北大国际医院集团西南合成制药股份有限公司	医药制造业	C8
000952	广济药业	湖北广济药业股份有限公司	医药制造业	C8
002004	华邦制药	重庆华邦制药股份有限公司	医药制造业	C8
002099	海翔药业	浙江海翔药业股份有限公司	医药制造业	C8
002166	莱茵生物	桂林莱茵生物科技股份有限公司	生物药品制造业	C8
002252	上海莱士	上海莱士血液制品股份有限公司	生物制品业	C8

续表

股票代码	股票简称	公司名称	行业名称	行业代码
600085	同仁堂	北京同仁堂股份有限公司	医药制造业	C8
600129	太极集团	重庆太极实业（集团）股份有限公司	医药制造业	C8
600196	复星医药	上海复星医药（集团）股份有限公司	医药制造业	C8
600201	金宇集团	内蒙古金宇集团股份有限公司	医药制造业	C8
600216	浙江医药	浙江医药股份有限公司	医药制造业	C8
600253	天方药业	河南天方药业股份有限公司	医药制造业	C8
600267	海正药业	浙江海正药业股份有限公司	医药制造业	C8
600329	中新药业	天津中新药业集团股份有限公司	医药制造业	C8
600420	现代制药	上海现代制药股份有限公司	医药制造业	C8
600422	昆明制药	昆明制药集团股份有限公司	医药制造业	C8
600436	片仔癀	漳州片仔癀药业股份有限公司	医药制造业	C8
600488	天药股份	天津天药药业股份有限公司	医药制造业	C8
600513	联环药业	江苏联环药业股份有限公司	医药制造业	C8
600521	华海药业	浙江华海药业股份有限公司	医药制造业	C8

续表

股票代码	股票简称	公司名称	行业名称	行业代码
600664	哈药股份	哈药集团股份有限公司	医药制造业	C8
600671	天目药业	杭州天目山药业股份有限公司	医药制造业	C8
600750	江中药业	江中药业股份有限公司	医药制造业	C8
600789	鲁抗医药	山东鲁抗医药股份有限公司	医药制造业	C8
600796	钱江生化	浙江钱江生物化学股份有限公司	生物制品业	C8
600812	华北制药	华北制药股份有限公司	医药制造业	C8
600866	星湖科技	广东肇庆星湖生物科技股份有限公司	生物制品业	C8
600867	通化东宝	通化东宝药业股份有限公司	医药制造业	C8
000723	美锦能源	山西美锦能源股份有限公司	煤炭采选业	B0
000758	中色股份	中国有色金属建设股份有限公司	有色金属矿采选业	B0
000983	西山煤电	山西西山煤电股份有限公司	煤炭采选业	B0
002155	辰州矿业	湖南辰州矿业股份有限公司	有色金属矿采选业	B0
600188	兖州煤业	兖州煤业股份有限公司	煤炭采选业	B0
600348	国阳新能	山西国阳新能股份有限公司	煤炭采选业	B0

续表

股票代码	股票简称	公司名称	行业名称	行业代码
600395	盘江股份	贵州盘江精煤股份有限公司	煤炭采选业	B0
600497	驰宏锌锗	云南驰宏锌锗股份有限公司	有色金属矿采选业	B0
600997	开滦股份	开滦能源化工股份有限公司	煤炭采选业	B0
601001	大同煤业	大同煤业股份有限公司	煤炭采选业	B0
601088	中国神华	中国神华能源股份有限公司	煤炭采选业	B0
601600	中国铝业	中国铝业股份有限公司	有色金属矿采选业	B0
601808	中海油服	中海油田服务股份有限公司	石油和天然气开采业	B0
601857	中国石油	中国石油天然气股份有限公司	石油和天然气开采业	B0
601898	中煤能源	中国中煤能源股份有限公司	煤炭采选业	B0
601958	金钼股份	金堆城钼业股份有限公司	有色金属矿采选业	B0
000065	北方国际	北方国际合作股份有限公司	土木工程建筑业	E0
000797	中国武夷	中国武夷实业股份有限公司	土木工程建筑业	E0
002051	中工国际	中工国际工程股份有限公司	土木工程建筑业	E0
600068	葛洲坝	中国葛洲坝集团股份有限公司	土木工程建筑业	E0

续表

股票代码	股票简称	公司名称	行业名称	行业代码
600477	杭萧钢构	浙江杭萧钢构股份有限公司	土木工程建筑业	E0
600491	龙元建设	龙元建设集团股份有限公司	土木工程建筑业	E0
600502	安徽水利	安徽水利开发股份有限公司	土木工程建筑业	E0
600853	龙建股份	龙建路桥股份有限公司	土木工程建筑业	E0
600970	中材国际	中国中材国际工程股份有限公司	土木工程建筑业	E0
601186	中国铁建	中国铁建股份有限公司	土木工程建筑业	E0
601390	中国中铁	中国中铁股份有限公司	土木工程建筑业	E0
000021	长城开发	深圳长城开发科技股份有限公司	计算机及相关设备制造业	G8
000063	中兴通讯	中兴通讯股份有限公司	通信及相关设备制造业	G8
000066	长城电脑	中国长城计算机深圳股份有限公司	计算机及相关设备制造业	G8
000070	特发信息	深圳市特发信息股份有限公司	通信及相关设备制造业	G8
000682	东方电子	东方电子股份有限公司	计算机应用服务业	G8
000748	长城信息	长城信息产业股份有限公司	计算机及相关设备制造业	G8
000909	数源科技	数源科技股份有限公司	通信及相关设备制造业	G8

续表

股票代码	股票简称	公司名称	行业名称	行业代码
002027	七喜控股	七喜控股股份有限公司	计算机及相关设备制造业	G8
002052	同洲电子	深圳市同洲电子股份有限公司	通信及相关设备制造业	G8
002073	软控股份	软控股份有限公司	计算机应用服务业	G8
002116	中国海诚	中国海诚工程科技股份有限公司	专业、科研服务业	G8
002140	东华科技	东华工程科技股份有限公司	专业、科研服务业	G8
002153	石基信息	北京中长石基信息技术股份有限公司	计算机应用服务业	G8
002188	新嘉联	浙江新嘉联电子股份有限公司	通信及相关设备制造业	G8
002194	武汉凡谷	武汉凡谷电子技术股份有限公司	通信及相关设备制造业	G8
002195	海隆软件	上海海隆软件股份有限公司	计算机应用服务业	G8
600100	同方股份	同方股份有限公司	计算机应用服务业	G8
600130	ST波导	宁波波导股份有限公司	通信及相关设备制造业	G8
600289	亿阳信通	亿阳信通股份有限公司	计算机应用服务业	G8
600345	长江通信	武汉长江通信产业集团股份有限公司	通信及相关设备制造业	G8
600410	华胜天成	北京华胜天成科技股份有限公司	计算机应用服务业	G8
600485	中创信测	北京中创信测科技股份有限公司	通信及相关设备制造业	G8

续表

股票代码	股票简称	公司名称	行业名称	行业代码
600487	亨通光电	江苏亨通光电股份有限公司	通信及相关设备制造业	G8
600498	烽火通信	烽火通信科技股份有限公司	通信及相关设备制造业	G8
600522	中天科技	江苏中天科技股份有限公司	通信及相关设备制造业	G8
600571	信雅达	信雅达系统工程股份有限公司	计算机应用服务业	G8
600601	方正科技	方正科技集团股份有限公司	计算机及相关设备制造业	G8
600621	上海金陵	上海金陵股份有限公司	通信服务业	G8
600654	飞乐股份	上海飞乐股份有限公司	通信及相关设备制造业	G8
600718	东软集团	东软集团股份有限公司	计算机应用服务业	G8
600734	实达集团	福建实达集团股份有限公司	计算机及相关设备制造业	G8
600764	中电广通	中电广通股份有限公司	通信及相关设备制造业	G8
600776	东方通信	东方通信股份有限公司	通信及相关设备制造业	G8
600797	浙大网新	浙大网新科技股份有限公司	计算机应用服务业	G8
600850	华东电脑	上海华东电脑股份有限公司	计算机及相关设备制造业	G8
600990	四创电子	安徽四创电子股份有限公司	通信及相关设备制造业	G8

图书在版编目(CIP)数据

中国出口企业技术创新研究:来自上市公司的经验研究/
刘秀玲著. —厦门:厦门大学出版社,2012.12
(经管学术文库)
ISBN 978-7-5615-4458-7

Ⅰ.①中… Ⅱ.①刘… Ⅲ.①外向型企业-技术革新-研究-中国
Ⅳ.①F279.24

中国版本图书馆 CIP 数据核字(2012)第 311315 号

厦门大学出版社出版发行

(地址:厦门市软件园二期望海路 39 号　邮编:361008)

http://www.xmupress.com

xmup @ xmupress.com

厦门集大印刷厂印刷

2012 年 12 月第 1 版　2012 年 12 月第 1 次印刷

开本:889×1194　1/32　印张:7.75　插页:1

字数:220 千字

定价:25.00 元

本书如有印装质量问题请寄承印厂调换